Von allerlei Spuk in der »Einöd«

Von allerlei Spuk in der »Einöd«

Sagen aus der thüringischen Rhön

Herausgegeben von Karlheinz Büttner

HITZEROTH

Die Deutsche Bibliothek – CIP-Einheitsaufnahme

Von allerlei Spuk in der »Einöd« : Sagen aus der thüringischen Rhön / hrsg. von Karlheinz Büttner.
– Marburg : Hitzeroth, 1992
  ISBN 3-89398-092-X
NE: Büttner, Karlheinz [Hrsg.]

Alle Rechte vorbehalten
© Hitzeroth, Marburg 1992
Umschlag: Uwe Bremer, unter Verwendung der Radierung »Die Spukecke«, 1991
Satz: Stahringer, Ebsdorfergrund
Herstellung: Joh. Aug. Koch, Marburg
Printed in Germany
ISBN 3-89398-092-X

Inhalt

Vorwort	9
Der Trollbär in Kaltennordheim	11
Von dem »langen Stein« und den sogenannten »Dreisteinen« bei Kaltensundheim	12
Woher der Ohberg seinen Namen hat	12
Der »tolle Heinrich« von Fischbach	13
Von allerlei Spuk in der sogenannten »Einöd«	13
Die breite oder Hexenlinde auf der Klingser Hut	14
Vom alten Schlosse Fischberg	15
Von der zweiten Gründung des Dorfes Empfertshausen	15
Vom ehemaligen Dorfe Lindich und der Gründung Diedorfs nach dem Kriege	17
Vom Diebelsgraben und der Burg Katzenstein	17
Von den Gänshecken bei Andenhausen	18
Vom Eichenbusch bei Reichenhausen	18
Der »Zigeunerstock« bei Reichenhausen	19
Die weißen Jungfern auf der »Altmark«	20
Woher der Name »Stellberg« stammt	20
Vom »Krabatte«-Einzug	21
Vom bösen Verwalter in Aschenhausen	22
Die Frau Roll in Wiesenthal	22
Vom Hexenmeister Joseph in Wiesenthal	23
Vom »Hohen Asch«	24
Vom Talborn	25
Der steinerne Tisch am Talborn	26
Von dem Burgfräulein zu Neidhardtshausen	26
Vom »Taufstein« bei Neidhardtshausen	27
Von der Gründung der Propstei Zella	28
Der eingemauerte Mönch zu Kloster Zella	28
Der Schimmel des letzten Propstes zu Kloster Zella	29
Vom »wüteninge« Heer bei Glattbach	29
Das Zauberbuch in Glattbach	30
Von der Neu- oder Hexenwiese bei Glattbach	31
Der Teufel im ehemaligen Kapuzinerkloster zu Dermbach	31
Schwarze Männer bei Dermbach	32

Vom alten Schlosse bei Dermbach	32
Vom Schatze auf dem »Herrenacker« bei Dermbach	33
Von der »Schwarze-Valte-Wiese« bei Dermbach	33
Vom Spuke an der »Hexenbrücke« und dem ehemaligen Richtplatze bei Dermbach	34
Von dem weißen Fräulein auf dem alten Schlosse bei Dermbach	34
Von den Schatzgräbern auf dem alten Schlosse bei Dermbach	36
Vom »wüteninge« Heer zu Dermbach	36
Erscheinungen auf dem Steine bei Dermbach	37
Die weiße Jungfer auf der Sachsenburg	38
Von den Holzhauern an der Sachsenburg	38
Vom Bill- oder Bilsenstein	39
Wie der Schatz am Bilsenstein dem alten Stoffel von Oechsen unter den Händen verschwindet	39
Der Schatz am Bilsenstein	40
Von den gespenstigen Mähern am Bilsenborn	40
Vom »Ritterspfad« (Reuterspfad) bei Oberalba	41
Von der alten Kirche bei der »Hartschwinde«	41
Der Schatz an der »Hartschwinde«	42
Das »wüteninge« Heer und die arme Magd vom Lendershof	43
Vom Baiersberg	43
Das »verwunschene« Schloß am Baier	44
Der Goldborn am Baier	46
Die nächtliche Holzabzählung am Baier	47
Die Spukecke am Baier	49
Das graue Männchen und die Erzgräber am Baier	49
Das Schloß am Baier	50
Die feurigen Männer am Baier	50
Die Schlüsselblume am Baier	51
Die weiße Jungfer am Baier	52
Schwarze Hunde am Baier	53
Vom Otternkönig am Baier	53
Die drei weißen Fräulein an der Baierskuppe und die Förster von Lengsfeld	54
Vom Pfarrer am Baier	55
Das Gewölbe an der »steinernen Treppe« auf dem Baier	55

Der alte Schmied von Weilar am Baier	56
Von Paulus, dem Räuber, am Baier	56
Noch ein Stückchen vom Räuber Paulus	58
Vom Irrgänger am Baier	60
Von der Hexe zu Kranlucken	60
Die Feuermänner zu Kranlucken	61
Der Schatz auf den »Erdensteinäckern« bei Motzlar	62
Wie der Stoffel von Motzlar zum reichen Manne wird	62
Von dem letzten an der Pest Verstorbenen in Motzlar	63
Von einem zu Motzlar, der sich auf dem Sterbebette selbst rechtfertigte	63
Der tolle Jäger bei Motzlar	65
Das Fest St. Mariae ad nivem zu Schleid	66
Vom Rockenstuhl und woher der Name des Berges und der Burg kommt	67
Der Schatz auf dem Rockenstuhl	68
Der Schatzgräber auf dem Rockenstuhl	70
Vom Bocksberge bei Geisa	70
Das gespenstische Gefährt auf der Straße von Bremen nach Geisa	72
Vom Wirt zu Geblar	73
Vom Gehauser Schorn	73
Spukgestalten in und bei Oechsen	74
Das graue Männchen vom »Hundswinkel« oberhalb Oechsen	74
Vom »Hahl« bei Oechsen	75
Die kämpfenden Feuermänner zwischen Gehaus und Oechsen	75
Von den »Zickelshecken« bei Oechsen	76
Von der Schöneburg	76
Die weiße Jungfer auf der Schöneburg und die Bleichmädchen	77
Die weiße Jungfer auf der Schöneburg	78
Vom kleinen Hündchen auf der Schöneburg	78
Von den Schatzgräbern auf der Schöneburg	79
Wie ein Frevler von Oechsen durch die weiße Jungfer von der Schöneburg bestraft wird	79
Die gespenstigen Mäher und der Schatz in der Hopfenau	80
Woher der Name »Wölferbütt« stammt	80
Das »wüteninge« Heer und der wilde Jäger bei Deicheroda	82

Die weißen Frauen in Deicheroda 82
Von dem Wechselbalg bei Völkershausen 83
Vom Grundsteg bei Völkershausen 83
Von der gesühnten und ungesühnten Schuld 84
Vom Oechsenberge 85
Der »Keller« des verschwundenen Schlosses am Oechsenberge . 85
Spuk am Oechsenberge 87
Die weiße Jungfer am Oechsenberge 87
Vom alten »Keller« am Oechsenberge 88
Vom bösen Ritter am Dietrichsberge 90
Vom Leck – – -Gärtchen am Dietrichsberge 93
Von dem Werwolf zu Stadtlengsfeld 94
Die fliegenden Knaben in Lengsfeld 94
Vom gottlosen Pächter auf Hämbach 96
Vom »Hundskopf« 97
Die weiße Frau »im Brettenbach« bei Weilar 97
Von der Hexe zu Weilar 98
Von dem gespenstigen Schreiber am Stadtberge bei Weilar . . . 98
Von den Baumeistern der früheren Kirche zu Urnshausen . . . 99
Von dem Kirchenmaler und dem Teufel in Urnshausen 99
Auf dem Schloßplatze zu Urnshausen 100
Vom »Hasenbühl« 101
Von dem verwünschten Schloß und der Jungfer
im Schönsee bei Urnshausen 101
Auf der Weckemilch am Schönsee 102
Vom »Erlicht« am Hornberg 103
Der alte Thomas bei der »Klippe« am Hornberg 103
Bei der Eisgrube am Hornberg 104
Von dem Teufelsstrick an den »Zehn Buchen« 104
Von dem Walde ohne Wipfel bei Eckardts 105
Von der Eselsmühle und der schönen Müllerin bei Zillbach . . 105
Von der Stadt Ostheim 106
Von dem Turm auf der Lichtenburg 108

Bildnachweis 110

Vorwort

Neben den Brüdern Grimm, Ludwig Bechstein und Johann Heinrich Christian Heusinger gehörte Christian Ludwig Wucke zu den Männern, die die Thüringer Sagen durch intensive Sammeltätigkeit und sorgfältige Bearbeitung auf ihre Nachwelt übertrugen und so vor dem Vergessenwerden bewahrten.

Schon 28jährig im holländischen Militärdienst erkrankt und nach mehreren erfolglosen Kuren erblindet, verdient Wuckes Lebensleistung unseren tiefen Respekt allein durch die Tatsache, daß er die Schauplätze der von ihm geschilderten Sagen trotz seiner angegriffenen Gesundheit und des Handicaps, auf Andere angewiesen zu sein, selbst aufsuchte. Es ist verbürgt, daß er oft mehr als ein Jahr unterwegs war, um bei Greisen, Waldhütern, Hirten und Kräuterweibern die Seele des Volkes zu erforschen, ihren Anschauungen, Sitten und Gebräuchen zu lauschen und in seiner Sagensammlung zu verarbeiten. Es darf denn auch nicht verwundern, daß seine Sagensammlung eines begrenzten Gebietes umfangreicher ausfiel als beispielsweise die seines Freundes Ludwig Bechstein, hatten doch seine rastlosen Wanderungen, oft unter den denkbar schwierigsten Verhältnissen stattfindend, das Defizit seines fehlenden Augenlichtes mehr als aufgewogen.

Im Falle der vorliegenden Sagen der thüringischen Rhön handelt es sich zudem um einen Sagenschatz, der, zum einen regional sehr begrenzt ist und zum anderen, auch dadurch bedingt, das emotionale Denken und Fühlen eines Menschenschlages veranschaulicht, der in einer kargen Landschaft mehr vegetierend als lebend, sein Dasein fristete. Im Ringen mit den Unbilden der Natur und trotz katastrophaler Lebensbedingungen, einhergehend mit einem niedrigen Bildungsstand und weitverbreiteter Vorherrschaft des Analphabentums, waren die Menschen der Rhön dennoch in der Lage, ihre Wünsche und Träume in Worte zu fassen, wobei die in den Sagen gegebenen Erklärungen aus dem vorwissenschaftlichen Bereich, dem alter Glaubensvorstellungen stammten.

Ausgewählt für dieses Büchlein ist der Teil der thüringischen Rhön, der gemeinhin auch das »Eisenacher Oberland« genannt wurde, von 1690 bis zur Abtrennung der Exklave Ostheim v. d. Rhön nach dem

Zweiten Weltkrieg in dieser Form bestand und 1950 durch die Bildung des Kreises Bad Salzungen aufgelöst wurde.

Wuckes Verdienst besteht unzweifelhaft in der getreuen Weitergabe der Sagen, die in der vorliegenden Form nur unwesentlich modernisiert wurden, um so wenig als möglich vom Original abzuweichen.

Dies erschien mir nicht nur in der Hinsicht wichtig, daß es kaum zwei Jahre her ist, daß selbst die Sage als Ausformung der Volkspoesie in diesem Teil unseres Landes ideologisch gebeugt und verbogen wurde.

Karlheinz Büttner

Der Trollbär in Kaltennordheim

Auch in Kaltennordheim findet sich jenes zottige Nachtgespenst, welches an Brücken und Stegen seinen Aufenthalt genommen und den Vorüberziehenden, besonders den Säufern, auf den Rücken springt und sich, immer schwerer werdend, »hockeln« läßt.

»Wir hatten einen Schulmeister«, erzählt einer von dort, »der auch mehr ›hob‹, als es sich für seinen Stand paßte, und gar arg schimpfte, wenn man ihn vor dem Trollbären warnte.

Als er eines Tages spät nach Hause wollte und etwas schief geladen hatte, sprang ihm am Heftberg auch richtig der Trollbär auf den Buckel. Der Schulmeister war zu Tode erschrocken, schüttelte und rüttelte sich, allein was half's? Er mußte den immer schwerer werdenden Trollbär bis vor seine Türe tragen.«

Der eigentliche Aufenthalt des Trollbären, sagen sie zu Kaltennordheim, ist die Goldbach, und wer sie bei Nacht überschreitet, wird von dem Spuk geneckt.

Es ist schon lange her, daß der Förster von Zillbach, der früher in Kaltennordheim stationiert war, hier am späten Abend noch etwas zu besorgen hatte. Als er nun an die obere Übergangsstelle kam und kaum den Fuß auf die Röhren tat, die früher hier als Brücke über den Bach gelegt waren, faßte ihn eine aus dem Wasser tauchende schwarze zottige Gestalt an dem Bein und versuchte, ihn zu sich ins Wasser zu ziehen; aber der Förster stand fest, riß sich los und eilte nach der weiter unten gelegenen Überbrückung. – Hier jedoch erging es ihm nicht besser. Da wurde der Förster wild und hieb mit dem Gewehrkolben tapfer auf den unheimlichen Gast los. Er wurde jedoch bald zu seinem Schrecken gewahr, daß er durch die unheimliche Gestalt durchhieb, ohne ihr nur den mindesten Schaden zuzufügen.

Als er sich endlich losgewunden hatte, arbeitete er sich an die dritte Übergangsstelle, doch auch hier lag der Trollbär schon auf der Lauer. Da rief der Förster, der sich doch sonst vor dem Teufel nicht fürchtete, in seiner Angst einen dort wohnenden Freund zu Hilfe und trat bald darauf, aber totenbleich, bei diesem ein.

Von dem »langen Stein« und den sogenannten »Dreisteinen« bei Kaltensundheim

Nahe bei dem durch sein ehemaliges Zentgericht geschichtlich bekannten Kaltensundheim steht mitten im Felde, rechts vom Wege nach Mittelsdorf zu, ein fünf bis sechs Fuß hoher Basaltstein. Er wird der »lange Stein« genannt und soll das Grabdenkmal eines hier gefallenen Generals sein. Nahe dabei standen vor wenigen Jahren noch zur Linken des Weges drei seltsam gehauene Steine nebeneinander, von denen der eine die Form eines Hammers, der andere die einer Zange oder Schere, der dritte die einer Ahle gehabt haben soll. Es geht dort die Sage, jenes seien die Grabsteine dreier Handwerksburschen gewesen, und zwar eines Schmiedes, eines Schneiders und eines Schusters; die drei hätten sich hier gestritten und untereinander totgeschlagen.

Woher der Ohberg seinen Namen hat

Zwischen Kaltensundheim und Gerthausen, unfern der Altmark, liegt ein bewaldeter Kegel, der Ohberg, der seinen Namen auf folgende Weise erhielt:

Auf dem Stellberg, links an der Straße von Reichenhausen nach Melpers, lag einst ein Schloß, von dem heute noch Spuren vorhanden sein sollen. Einer der Ritter dieser Burg soll nun mit seinem Nachbarn, dem Burgherrn auf der Altmark, über den Ohberg und die Jagd daselbst in Zwist geraten sein, und da dieser sich auf gütlichem Wege nicht ausgleichen wollte, so zog der Altmärker seinen Degen und streckte ihn mit den Worten: »Gut, so streite denn das Schwert« gegen die Boten seines Gegners aus.

Und der ließ sich denn dies nicht zweimal sagen, tötete bald darauf den auf der Altmark und verbrannte die Burg. Im Fallen soll nun der Altmärker reuevoll dreimal gerufen: O Berg, o Berg, o Berg! und dadurch jener Höhe ihren jetzigen Namen gegeben haben. So erzählte es der Ortsdiener zu Erbenhausen.

Der »tolle Heinrich« von Fischbach

In den »föllischen« Bergen, zwischen Kaltenlengsfeld und Dermbach, sollte mit Hilfe eines »Jesewitters« ein Schatz gehoben werden. Die Schatzgräber schlossen einen Kreis, der Böse wurde zitiert und erschien. Der aber gab einem der Umstehenden eine Ohrfeige, so daß ihm der Kopf zu Boden rollte. Nun rissen alle aus. Wie sie wieder zusammenkamen, hatte jeder seinen Kopf. Der den Kopf vorhin verloren hatte, war der »tolle Heinrich« von Fischbach. Wenn der später von Fischbach nach Kaltenlengsfeld kam – und das geschah oft zur Mitternachtsstunde – so war's nicht anders, als wenn ein kommandierender Offizier mit einem ganzen Regimente einrückte. Fragte man ihn nach jener Geschichte, so nahm er Reißaus. Der Schatz ist aber nachher doch noch gehoben worden, wahrscheinlich durch die Hand des »Jesewitters«.

Von allerlei Spuk in der sogenannten »Einöd«

a. Von dem Pfarrdorfe Fischbach nach Kaltennordheim zieht sich zwischen dem Umpfen und dem Heberge ein schmaler Wiesengrund hin. Er ist ein Teil der sogenannten »Einöd«. Hier wollen viele teils in der Mittags-, teils in der Mitternachtsstunde gar argen Spuk bemerkt haben.

So hütet dort ein gespenstiger Schweinehirt seine Herde; desgleichen jagt der tolle Fuhrmann rasselnd und lärmend mit Peitschenknallen vom Umpfen herab durch das enge Tal. Auch wollen viele dort, wenn es in dem Umpfen braust und donnert, einen großen schwarzen Hund mit feurigen Telleraugen gesehen und gehört haben; auch ist in gewissen Nächten ein wanderndes Licht gesehen und seltsame Musik gehört worden.

b. Daß es bis heute im Umpfen nicht geheuer ist, bezeugt heute noch ein Alter von Fischbach. Der ging einmal vor ungefähr dreißig Jahren an dem Berge vorüber, da hörte er auf einmal ein furchtbares Krachen und Donnern in demselben. Der Mann war zu Tode erschrocken, und da sich von dem Berge auch alsbald gar erschrecklicher Gestank, wie ihn nur der Gottseibeiuns hinterlassen soll, in der Gegend verbreitete, so lief der Fischbacher was er laufen konnte, um aus dem Bereiche des Umpfen und dessen Hausmanns zu kommen.

Die breite oder Hexenlinde auf der Klingser Hut

Zu einem Musikanten, erzählen sie zu Dermbach, der sich in der Walpurgisnacht auf der Hochebene der Rhön über Andenhausen verirrt hatte, trat unerwartet ein feiner Jägersmann, der sich erbot, ihn nach der breiten Linde zu führen, von wo der Musikant sich leicht wieder zurecht finden würde, was dieser denn auch dankbar annahm. Da der Jägersmann hier Bescheid wußte, so waren sie auch bald an Ort und Stelle. Zum höchsten Erstaunen des Musikanten trafen sie aber allda eine lustige Gesellschaft an, die, wie es schien, den feinen Jäger längst erwartet hatte, denn sie taten gleich recht bekannt mit ihm, und er machte es ebenso, reichte auch dem Musikanten eine prächtige Klarinette, dazu eine Hand voll harter Taler und bat ihn, der Gesellschaft eins aufzuspielen. Und als der Musikant hierauf den Lauterbacher begann, griff der feine Geselle sich die schönste unter den Weibsleuten heraus und wirbelte, die andern folgten ihm auf dem Fuße nach, im raschen Reigen herum, daß der Staub davon flog.

So ging es noch einige Stunden lustig weiter; als aber der Tag zu grauen begann, entließen sie den Musikanten, der mit einer tüchtigen Tasche voll Geld und der schönen Klarinette, die ihm der feine Herr geschenkt hatte, wohlbehalten in seiner Behausung anlangte und sich sofort schlafen legte. Als er erwachte, war sein erster Gedanke das Instrument und das Geld. Zu seinem Entsetzen hatte sich jedoch jenes in einen langen schmutzigen Knochen und dieses in lauter Scherben verwandelt. Er hatte den Hexen unter der breiten Linde zum Tanze aufgespielt.

Vom alten Schlosse Fischberg

Zwischen Klings und Diedorf erhebt sich ein Bergrücken, der »Hön« oder »Hün« genannt, auf dem einst das alte Schloß »Fischberg« stand, von welchem auch noch einige Mauerreste und Kellergewölbe zeugen. In dem letzteren sollen die von Klings vor Jahren ihren Abendmahlskelch aufgefunden haben. Die Sage läßt dort ein mächtiges heidnisches Grafengeschlecht, Namens Hön oder Hüne, weithin geherrscht haben, bis es von denen zu Neidhardtshausen überwältigt worden sei.

Vor längerer Zeit suchten einmal arme Weiber dort oben Beeren. Als sie aus dem Gebüsche traten, sahen sie dicht vor sich eine weiße Jungfrau sitzen, die auf einem weißen Tuche goldgelbe Knotten, die gewaltig in der Sonne platzten, klengte. Eine der Frauen griff zu und steckte eine Handvoll in die Tasche. – Jetzt gewahrten sie aber auch zu ihrem Schrecken einen schwarzen Hund an ihrer Seite. Die Weiber erschraken und liefen, was sie laufen konnten über Stock und Stein, so daß der einen die Knotten fast alle wieder aus der Tasche hüpften. Die wenigen, die sie behielt, hatten sich zu Hause in blanke Goldstücke verwandelt.

Viele wollen auch gesehen haben, daß die weiße Jungfrau den Empfertshäuser Weg herunter bis zu der im Grunde unterhalb Diedorf gelegenen Seemühle ging.

Von der zweiten Gründung des Dorfes Empfertshausen

a. Als nach dem großen Kriege, in welchem die meisten Ortschaften hierherum ausgeplündert und niedergebrannt, die Einwohner teils getötet, teils zur Flucht gezwungen wurden, die wilden Kriegsvölker wieder abgezogen waren, da kroch einer aus seinem Versteck in dem gleichfalls niedergebrannten Dorfe Engelsberg hervor, schaute sich ängstlich um und ging dann talwärts, um zu sehen, ob er nicht Menschen treffe. In der Nähe des verwünschten Dorfes Klings traf er in einem dichten Dorngehecke auf eine durch Hunger und Krankheit abgezehrte Frau. Er teilte seinen Rest von Lebensmitteln mit ihr und pflegte sie so gut er konnte, dann wanderten die beiden weiter. In einem niedergebrannten Dorfe, dem jetzigen Empfertshausen, fanden sie ein ziemlich wohlerhaltenes, aber verlassenes Haus und beschlossen, sich hier niederzulassen. In einem halbzerstörten Stalle entdeckten sie auch bald noch ein abgemagertes Pferd und einiges Getreide, so daß sie etwas Feld bestellen konnten. Nach und nach sammelten sich noch einige Flüchtlinge um sie, von denen das niedergebrannte Dorf wieder aufgebaut wurde, welches sie anfangs Einpferdshausen und späterhin Empfertshausen nannten. Bis auf den heutigen Tag sollen noch einige Nachkommen des oben erwähnten Paares vorhanden sein, die sich durch besondere Gesichtsblässe, weißliche Haare und ins Rote spielende Augen von den anderen unterscheiden, da nach einer alten Sage die Engelsberger Kakerlaken waren.

b. Weiter erzählt die Sage von Empfertshausen, daß die Einwohner in früherer Zeit nie mehr als ein einziges Pferd in ihrem Stalle hätten halten dürfen. Wer deren zwei eingestellt, der hätte es in Haus und Stall vor einer schwarzen Katze nicht aushalten können, die Menschen und Vieh so lange geängstigt hätte, bis eins der Pferde wieder weggegeben worden sei. Auch war Empfertshausen in früherer Zeit wegen seiner Hexen berüchtigt. Die armen Bauern hatten viel auszustehen. Einem trieb es eine große schwarze Katze einmal gar zu arg. Da ging er nach Schmerbach zu dem weisen Manne und ließ sich die Hexe in dessen Neidspiegel zeigen. Auf dem Heimwege hatte er anfangs von der schwarzen Katze viel auszustehen; als er sie aber in Empfertshausen, wie sie ihre wahre Gestalt wieder angenommen, ein paarmal gehörig durchgeprügelt hatte, bekam er Ruhe.

Als die letzte Hexe von Empfertshausen nach dem Scheiterhaufen geführt wurde, drängte man sie, um ihres Seelenheiles willen und zum Wohle der Menschheit noch zu beichten, welches die sichersten Kennzeichen einer Hexe wären. Sie antwortete, dies sei sehr schwer zu bestimmen, doch sei diejenige in der Regel eine Hexe, auf welche die meisten »Knuppen« (Vermutungen) gingen.

Vom ehemaligen Dorfe Lindich und der Gründung Diedorfs nach dem Kriege

An dem Abhange des Engelsberges, in der Gegend, wo heute noch die breite oder sogenannte Hexenlinde steht, lag vor dem großen Kriege das Dorf Lindich, welches mit den umliegenden Ortschaften damals ein gleiches Schicksal hatte. Nur ein einziges Ehepaar fand in der Nähe des niedergebrannten Dorfes einen Schlupfwinkel in einer selbst gegrabenen Höhle, deren Eingang sie sorglich versteckt hielten. Als die beiden sich wieder sicher glaubten, sollen sie mit einem eingefangenen Esel, den sie mit ihrem geringen Mundvorrat und anderen Habseligkeiten beluden, talwärts gezogen sein und sich in dem gleichfalls niedergebrannten Orte Diedorf als die ersten Ansiedler desselben niedergelassen haben. Ebenso sollen sie die auf dem rechten Ufer der Felda liegenden Äcker zuerst wieder urbar gemacht und mit ihren mitgebrachten Bohnen bepflanzt haben, wovon jene heute noch den Namen die »Bohnenäcker« führen sollen.

Vom Diebelsgraben und der Burg Katzenstein

Auf dem Bergrücken, dem Katzenstein, an welchem das Dorf Andenhausen liegt, stehen zwischen mächtigen Felsblöcken einige Linden, und an der südöstlichen Abdachung des Berges sieht man eine nicht unbedeutende Hutfläche, auf der sich noch gräberartige Hügel zeigen. Sie ist mit einer Art Mauer umgeben und heißt der »Judenkirchhof«. Weiter östlich zieht sich zwischen dem Katzensteine und anderseits dem Horbelberg und der Goldhecke eine schluchtartige Vertiefung, die sich weiter hin in ein vom Schmerbach durchflossenes Tal erweitert, über deren Entstehung folgende Sage geht:

Oben auf dem Katzensteine an der Stelle, wo sich die Linden und Felsblöcke befinden, stand in uralter Zeit ein Schloß, dessen Bewohner ein recht unchristliches Leben führten und vom Raub und Wegelagern lebten. Wurden sie von den Beraubten verflucht und verwünscht, so lachten sie dazu. Aber die Strafe blieb nicht aus. Eines Tages türmten sich schwarze Wolken über dem Habelberge auf; ein furchtbarer Sturm erhob sich, und immer näher rückte das schreckliche Wetter; er wurde am hellen Tage plötzlich stockfinster. Verzweiflung packte jetzt die Bewohner des Schlosses, sie fielen auf die Knie und versuchten zu beten; aber es war zu spät. Ein schrecklicher Wolkenbruch stürzte auf den Katzenstein. Als das furchtbare Wetter vorüber war, sah man keine Spur mehr von der Burg und ihren Insassen, wohl aber den tiefen Einschnitt in dem Berg, den Diebelsgraben.

Von den Gänshecken bei Andenhausen

Südwestlich von dem Dorfe Andenhausen liegen einige Morgen Wiesen, die mit Gestrüpp umwachsen sind. Dort bricht eine starke Quelle zu Tag, die ihren eigentlichen Ursprung an dem nur eine Stunde entlegenen Engelsberg hat, von da durch den Teufelsgraben fließt, in diesem plötzlich verschwindet und in den Gänshecken wieder zu Tage kommt.

Auch soll in den Gänshecken ein Schloß gestanden haben und eine weiße Jungfer dort an bestimmten Tagen Knotten klengen. Ein Andenhäuser sah sie dort um die Weihnachtszeit bei hohem Schnee ihre Knotten klengen und ging, als ihm die Jungfer winkte, frisch auf sie zu. Er sah, wie die Knotten in der Sonne platzten und durcheinander sprangen, griff zu, steckte eine Hand voll in die Tasche und fand sich, zu Hause angekommen, für seinen Mut reichlich belohnt. Die Knotten hatten sich in blankes Gold verwandelt.

Vom Eichenbusch bei Reichenhausen

Von Reichenhausen nach dem Ellenbogen hinauf steht auf einer Gebirgswiese, man heißt es da am »Gertzen«, ganz einsam ein Eichenbusch, um den im Frühjahr, auch wenn das Gras kniehoch ist, sich stets ein verbrannter Ring zeigt. Die Leute heißen ihn den »Hexenring«. Der kommt von den Hexen her, die dort mit dem Teufel ihre nächtlichen Tänze abhalten und das Gras versengen. Dort am Busche ist es überhaupt nicht geheuer. Schwarze Hunde lassen sich sehen; auch bekommt man Ohrfeigen von unsichtbarer Hand, und unheimliches Pfeifen wird gehört.

Der »Zigeunerstock« bei Reichenhausen

Südlich vom Ellenbogen nach Frankenheim zu, da, wo der Fußpfad von Reichenhausen das Plateau erreicht hat, in der Nähe der »alten Landwehr« oder dem »Hähl«, stand noch vor wenigen Jahren auf einer kleinen Erhöhung ein in die Erde gesenkter Balken, der »Zigeunerstock« genannt. Hier ist es nicht geheuer. Man erzählt sich dort nachstehendes über denselben. Vor, Gott weiß wie vielen, Jahren hauste in der Gegend ein Zigeunerhauptmann mit seiner Bande, der die armen Bauern gar unmenschlich zupfte und rupfte und gleich mit dem roten Hahn drohte, wenn man einem aus seiner Bande nicht gleich zu Willen war. Die Bauern hatten diese Landplage lange ertragen, als es aber der Zigeuner zu arg trieb, da rafften sie sich auf, machten mit der ganzen Jägerei einen Streifzug gegen den Räuber und kreisten ihn auch richtig in der »alten Landwehr« ein. Der Zigeuner aber lachte sie alle aus, ritt mit seinem kleinen Pferdchen aus dem Versteck heraus auf die Hut, schoß sein Gewehr auf die Bauern ab, ließ alle Gewehre auf sich abfeuern, klopfte sich auf den Hintern und ritt unversehrt zurück, denn er war kugelfest. Zum Glück kam einer der Jäger noch auf einen guten Gedanken, schnitt sich einen silbernen Knopf von seinem Wams, klopfte denselben zusammen und lud ihn in die Büchse. Als nun der Zigeuner wieder erschien und die Leute verhöhnte, nahm ihn der Jäger aufs Korn, drückte ab, und nun stürzte der Zigeuner, durchs Herz getroffen, von seinem Rößlein zu Boden. Dort haben sie ihn denn auch begraben und jenen Pfahl zur Warnung für die anderen der Bande in die Erde getrieben.

Die weißen Jungfern auf der »Altmark«

Westlich von der Geba und südöstlich vom Dorfe Reichenhausen erhebt sich die hohe »Altmark«. Die Sage und einige oben befindliche Mauerreste deuten auf eine dort in grauer Vorzeit gestandene Burg hin. Die Ritter sollen mit denen auf dem Stellberg, der Duisburg und dem Henneberg durch riesengroße Sprachrohre in Verbindung gestanden haben.

Einst hütete der Hirt von Reichenhausen das Spannvieh droben an der »Altmark«. Es war Mittag, und sein Töchterchen hatte ihm eben das Essen gebracht. Da sah er auf einmal zwei weiße Jungfern aus den Schafhäuser Fichten auf der Flurgrenze heraufkommen. Als sie näher kamen, vernahm er ebenso wie sein Kind den leisen und gar lieblichen Gesang. Sie schritten dicht an ihnen vorüber, und das auch so leise, daß man weder ein Rauschen noch ein Knistern in dem gefallenen dürren Laube vernehmen konnte. Auf dem Burgplatz verschwanden sie vor den Augen des verwunderten Hirten in einem der ehemaligen Kellerlöcher.

Auch noch andere als der Hirt haben zu anderer Zeit dort droben die weißen Jungfern gesehen.

Woher der Name »Stellberg« stammt

Von Reichenhausen nach Melpers resp. Fladungen führt die Straße über einen hohen Rücken des abfallenden Rhöngebirges, den »Stellberg«. Dort droben sollen im Dreißigjährigen Kriege die bewaffneten Bauern der umliegenden Ortschaften die von Fladungen her unter Gallas und Isolani angreifenden Kroaten »gestellt« und ihnen das Eindringen in die diesseits nach Kaltennordheim zu gelegenen Lande zu verwehren unternommen haben, was ihnen jedoch leider beim besten Willen nicht gelang. Von diesem heldenmütigen Vorhaben erhielt dann später der Berg den Namen »Stellberg«. So erzählt es der Schmied Groß zu Kaltennordheim.

Mauerreste in der hohen »Altmark«

Vom »Krabatte«-Einzug

Als im Dreißigjährigen Kriege die Kroaten von Fladungen kommend über die »Strut« auf dem Stellberge in das Diesseitige eindrangen, sollen sie durch Morden, Sengen und Brennen ihren Weg, den sie von dort aus nach Kaltennordheim zu nahmen, dermaßen bezeichnet haben, daß er auf ewige Zeiten verflucht wurde. Und bis heute noch trotzt der sogenannte »Krabatteeinzug«, der sich acht bis zehn Schritte breit von der erwähnten »Strut« aus an den Schafhäuser Fichten vorüber nach der »Altmark« hinaufzieht, dem Pfluge und der Egge. Er ist, wie die Leute sagen, nicht urbar zu machen. Es kommt dort nichts fort. In früheren Zeiten hat man auf dem sogenannten »Krabatteneinzuge« zur Nachtzeit einen argen Lärm gehört. Die einen sagten, es sei der Ritter vom Stellberge, der nach der Altmark ziehe, andere meinten, es seien die verfluchten Seelen der Kroaten, oder auch der wilde Jäger.

Vom bösen Verwalter in Aschenhausen

In Aschenhausen lebte ein gottloser Verwalter, der, als ihn der Teufel geholt hatte, lange spuken mußte. Viele haben ihn bald da, bald dort in der Flur umherreiten sehen. Auch ritt er des Nachts das Vieh in dem Stalle, daß es am Morgen vor Schweiß triefte. Doch als es die Leute nicht mehr aushalten konnten, ließen sie einen Jesuiten kommen, der fing den bösen Geist in einem Sack ein und trug ihn nach Gerthausen auf die wüsten Äcker.

Die Frau Roll in Wiesenthal

Von Roßdorf zieht sich die Straße in südwestlicher Richtung zwischen dem Nebel- und dem Hornberg nach dem weimarischen Dorfe Wiesenthal. Jenseits desselben liegt zwischen den Saatfeldern an einem Abhang auf dem Weg nach Fischbach der »Köppelgarten«. Dort läßt sich, wie die Sage geht, von Zeit zu Zeit eine weiße Jungfrau – die Frau Roll – blicken. Sie trägt einen glitzernden Schlüsselbund an einem prächtigen Gürtel.

»Mein Großvater«, erzählte eine junge Bäuerin, »kam eines Abends mit meinem Vater, der ein ›Güldenes-Sonntagskind‹ war, noch spät mit dem Geschirr von Fischbach. Als sie in die Nähe des ›Köppelgartens‹ gelangt waren, scheute plötzlich eins der Pferde und wollte nicht von der Stelle; da spannten sie es ab und banden es hinten am Wagen an; doch auch hier hatte das Tier keine Ruhe. Da blickte mein Vater zufällig nach dem Garten, und siehe, die weiße Jungfer stand dort dicht am Zaune.

Mein Vater faßte den alten Mann an der Hand und führte ihn auf die Erscheinung zu und sagte: ›Seht, da steht die weiße Jungfer!‹ Der aber wurde sie immer noch nicht gewahr; da streckte mein Vater den Arm aus, deutete auf die Gestalt und sagte: ›Guckt doch, seht Ihr's denn noch immer nicht, da steht sie ja, ich betippe sie ja fast mit dem Finger!‹ Darob aber erschrak mein Großvater gar sehr, schlug seinen Jungen auf die Hand und riß ihn zurück, und im nämlichen Augenblick verschwand die Erscheinung.«

Aber auch im Pfarrhause und in dem alten, jetzt abgerissenen Wirtshause zu Wiesenthal hat sich die weiße Jungfer gezeigt. Hier schaltete und waltete sie als guter Hausgeist und half da und dort nach, wenn die Mägde in der Küche oder im Stalle etwas versäumt oder vernachlässigt hatten, hat sich aber im Pfarrhause seit langen Jahren nicht wieder sehen lassen, dagegen erschien sie diesem und jenem in der Flur.

Ihr Erscheinen bedeutet dem, der sie gewahrt, an bestimmten Tagen Glück, an anderen Unglück.

Vom Hexenmeister Joseph in Wiesenthal

Drunten im Dorfe, wo es nach Urnshausen zu geht, steht noch ein Häuschen, es ist das vorletzte, da wohnte vor vielen Jahren ein alter Schlosser Namens Joseph Kaiser. Er tat nicht gerne auf seiner Profession etwas, hatte aber doch immer mehr Geld als er brauchte. Von dem sagte die Leute, obschon er sich vor der Welt noch hart katholisch stellte, daß er einen Pakt mit dem »Unreinen« abgeschlossen und dabei von diesem in allerlei geheimer Kunst unterwiesen worden sei. So konnte er die bösen Geister zu sich zitieren, die, wenn er in seiner Stube hinter einem alten Buche am Tische saß, in Gestalt von Raben durch das offene Fester ein- und ausflogen und ihm alles erzählten, was er nur wissen wollte. Ebenso machte er Schlösser, die selbst kein Hexenmeister wieder öffnete, wie das für den Räuber Paulus und dergleichen Dinge mehr.

Unter anderen hatten sich auch einmal der Bischof von Fulda mit noch vielen geistlichen Herren in Dermbach zu einem guten Hirschbraten angemeldet.

Infolgedessen wurden sämtliche Jäger der dortigen Gegend aufgeboten. Allein in allen Bergen war nicht ein einziges Wild zu sehen, obgleich es sonst nicht daran fehlte. Da kam endlich ein alter Kreiser auf den Gedanken, den Joseph von Wiesenthal herbeizuholen, damit er Rat schaffe. Der Joseph versprach das Wild, doch unter der einzigen Bedingung, daß die Jäger gelobten, nicht auf den ersten Hirsch schießen zu wollen, was diese auch feierlich zusagten.

Und siehe, bald darauf kam ein ganzes Rudel angetrabt, geführt von einem so starken Hirsche, daß die Jäger, als sie die feurigen Augen desselben erblickten, vor Schrecken Reißaus nahmen, denn selbst der älteste von ihnen konnte sich nicht erinnern, je ein so riesengroßes Stück gesehen zu haben. Als sie sich endlich von dem ersten Schrecken erholt hatten, schossen sie gleichwohl noch so viel, daß die Herren von Fulda trotz des besten Appetits nicht imstande waren, alles aufzuzehren. Der große Hirsch aber soll kein anderer gewesen sein, als der böse Feind selber, der also diesmal gezwungen war, dem frommen Bischof von Fulda den Braten zu liefern.

Vom »Hohen Asch«

Zwischen Wiesenthal und Fischbach erhebt sich ein gewaltiger Berg, der »Hohe Asch«, auf dessen oberstem Plateau schon seit längerer Zeit ein Jägerhäuschen steht. Hier wurden sonst die Leute so in der Irre herumgeführt, daß sie abends an derselben Stelle todmüde anlangten, an der sie am frühen Morgen vorübergegangen waren. Aber auch sonstiger Spuk läßt sich bis heute noch am »Hohen Asch« sehen und hören.

Ein Holzbauer, der dort oben an der Arbeit war, hörte auf einmal ein ganz eigentümliches Rauschen und Pfeifen in den hohen Buchen. »Als ich mich umschaute«, so erzählte er, »sah ich auf einmal ein gar prächtiges Hündchen, es war mopsgelb und trappelte hastig an mir vorüber. Das Ding gefiel mir. Ich warf die Axt beiseite und lief ihm nach. Und wie ich dachte, daß ich es fangen könnte, Donner und Hagel, da waren es ihrer auf einmal zwei. Das machte mich aber noch nicht irre. Ich lief immer zu, lockte, rief: »pst! pst!« wie die Hunde ja alle mit ihrem Zunamen heißen, und als ich die beiden fast wieder erreicht hatte, potz Blitz! da waren es ihrer gar drei. Nun wurde ich doch ein wenig stutzig. Aber bald war ich ihnen wieder auf der Ferse. Als es ihrer aber gleich drauf vier und zuletzt gar fünf wurden, da überlief mich ein arges Grauen. Ich sah ein, daß ich es am Ende wohl gar mit dem Gottseibeiuns zu tun hatte, betete ein Vaterunser, kehrte um und ging wieder an meine Arbeit.«

Manche haben auf dem »Hohen Asch« auch schon eine unheimliche gläserne Kutsche, mit Pferden ohne Köpfe bespannt, fahren sehen. Es ist noch gar nicht so lange her, da sah und hörte sie einer in der Mitternachtsstunde. Sie kam vom »Hohen Asch« über Fischbach und fuhr immer links von der Straße im Walde hin nach Kaltennordheim zu.

Der 86jährige Schäfer Lorenz Trost von Steinberg erzählte noch: »Ich glaube an keine Gespenster und dergleichen Dinge, es geht alles natürlich zu; mit dem wilden Heere aber ist es doch, wie es ist; denn eines Tages, als ich meine Schafe hier oben in der Nähe des Steinberger Hofes hütete, da habe ich es ganz deutlich gehört. Es kam ein furchtbarer Lärm und Spektakel vom »Hohen Asch« herüber durch den Hof an mir vorbeigezogen, brauste über den Steinkopf, und dann durch die Rehhecken, dem alten Schlosse über Dermbach zu. Gesehen habe ich freilich nichts, meine Schafe aber schossen wie toll vor Angst auf einen Haufen zusammen, und der Hund klemmte den Schwanz ein und wollte fast in mich hineinkriechen; mir aber stiegen die Haare zu Berge; doch hatten wir in selbigem Jahre eine ausgezeichnete Ernte und die Hut hier oben auf dem Hochraine hätten Sie nur einmal sehen sollen«.

Vom Talborn

Ein Kaltenlengsfelder Mann kommt abends spät von Wiesenthal mit einem Schafe und treibt es durchs Tal seiner Heimat zu. In der Nähe des Talborns scheut das Schaf, will nicht weiter gehen und flüchtet sich ängstlich zwischen die Beine des Mannes. Siehe, da gewahrt der Mann unter dem Bache um die Quelle herum eine große Anzahl glänzender Schüsseln und Teller aufgestellt. Einen Augenblick wohl überkommt den Kaltenlengsfelder trotz seines Schreckens ein Gedanke, ob er nicht auf den Born losgehen und die glitzernden Schüsseln einpacken soll; doch die Angst siegt.

Auf seine eigene Rettung nur denkend, macht er, daß er so schnell als möglich vorüberkommt und läßt dem Schwarzen seine Schätze.

Der steinerne Tisch am Talborn

Wiesenthaler Frauen gingen nach dem Walde, um ihren dort arbeitenden Männern das Mittagessen zu bringen. Als sie an den Talborn kamen, wo sie ihre mitgebrachten Krüge zu füllen gedachten, da gewahrten sie, wie drei weiße Frauen an dem großen steinernen Tische emsig beschäftigt waren, ihre Wäsche zu waschen.

Heftig erzürnt hierüber, wollten sich die Wiesenthaler, die durch das Waschen ihre Quelle verunreinigt glaubten, mit den Weißen, die sie anfangs für Zigeuner hielten, in einen Wortwechsel einlassen, doch diese waren beim ersten Schmähwort auf der Stelle mit Wäsche und jeglichem Zubehör verschwunden.

Von dem Burgfräulein zu Neidhardtshausen

Hoch über dem Dorfe Neidhardtshausen stand vor alten Zeiten die Burg der Grafen Neidhardtshausen. Einer der letzteren, Erpho geheißen, hatte ein einziges Töchterlein von seltsamer Schönheit, des Grafen Liebstes auf dieser Welt.

Zu dieser entbrannte in heftiger Liebe ihr schmucker Nachbar, der ritterliche Junker zu Fischberg und hätte sie gern von dem Grafen zu seinem Weibe begehrt. Nun aber haßte dieser schon lange den Junker und hätte nie in solche Verbindung gewilligt, und so entführte der Junker eines Abends unversehens das Fräulein und brachte es auf seine Burg.

Der Graf aber, als er den Raub vernommen, zog sofort mit seinen Mannen vor Fischberg, drang nach tapferer Gegenwehr in das Schloß, erstach mit eigener Hand den Junker und steckte die Burg in Brand. – Seine Tochter und deren Kleinodien brachte er nach dem in dem Dorfe Neidhardtshausen an der Felda gelegenen Nonnenkloster* und schwur, daß sie den Platz nicht eher verlassen solle, bis sie dort von einem Priester oder von einer reinen Jungfrau aus freien Stücken geküßt worden sei. Das Fräulein aber starb bald darauf an Herzeleid, und zwar ohne Beichte und Absolution, nachdem sie vorher ihre Kostbarkeiten im Klostergärtlein verborgen hatte.

Hier wollen sie noch viele an jedem dritten Feiertage abends gar bleich und traurig im weißen Schleier mit einem Schlüssel in der Hand, der den Kasten zu ihren Schätzen schließt, auf- und abwandelnd gesehen haben. Andere sahen sie so auf einem Steine sitzen und auf ihre Erlösung hoffen, für welche sie dann zum Dank den Schlüssel zu ihren Schätzen überreicht.

* Erwähntes Benediktiner-Nonnenkloster soll von dem obengenannten Grafen Erpho im Jahre 1179 nach dem Tode seiner Ehefrau Bertha v. Neideck gegründet und der heiligen Maria und dem heiligen Johannes geweiht und im Jahre 1185 mit Bewilligung des Bischofs Otto von Bamberg auf die nahe Zelle verlegt worden sein.

Vom »Taufstein« bei Neidhardtshausen

Dicht im Rücken des bei Neidhardtshausen und Zella gelegenen Hügels, auf welchem vor Zeiten die Burg der Grafen von Neidhardtshausen gestanden, erhebt sich schroff eine felsige Wand, die mit der Hochebene des Neuberges in Verbindung steht. Die Partie wird der »Taufstein« genannt und bietet von der Höhe des hier etwas weiter in das Feldatal vorspringenden Gebirges einen herrlichen Blick.

Ihren Namen soll sie von einer früher dort in dem Gestein vorgefundenen Vertiefung, aus der einst der heilige Bonifatius die Heiden jener Gegend taufte, erhalten haben. Dieser Felsen, auf dem der Apostel den Heiden das Licht brachte, duldet, nach Aussage eines alten Forstmannes, in seiner nächsten Umgebung keine Nebel, die dichtesten Massen brechen an ihm und verschwinden.

Auch geht noch die Sage vom »Taufstein«, daß er eine Opferstätte der Heiden gewesen sei, und heute noch hält von dorther über den Neuberg herüber das »wütenige Heer«, mit der »Frau Roll« an der Spitze, seinen Einzug in Wiesenthal, zieht von da am Horn vorbei nach Urnshausen, hetzt über den Gottesacker nach dem Schönsee und braust nach der Stoffelskuppe hinauf, wo es dann von seinem Zuge rastet.

Von der Gründung der Propstei Zella

Der Graf von Neidhardtshausen stand eines Morgens früh droben am Fenster seiner Burg; da sah er mitten im Grün des ihm gegenüberliegenden Bergrückens eine Stelle, die mit frischgefallenem Schnee dicht bedeckt war. Der Graf traute kaum seinen Augen, denn es war im höchsten Sommer. Er rief sogleich die Dienerschaft herbei, und alle überzeugten sich von dem Wunder, das so unvermutet gekommen war und das der Himmel wohl nicht umsonst habe geschehen lassen. So meinte auch der Graf, und da es ihm vielleicht auch da und dort noch am Gewissen zupfen mochte, so erbaute er auf jener freundlichen Höhe, wo er den Schnee gesehen, eine Kapelle, die er dann später den frommen Herrn in Fulda überließ. Das war der Anfang der Propstei und des Dorfes Zella.

Der eingemauerte Mönch zu Kloster Zella

In dem der Torfahrt gerade gegenüber gelegenen Flügel der Propstei soll es sonst arg gespukt haben. Einige, die es demungeachtet wagten, in jenem Flügel zu übernachten, sahen, wie sich um Mitternacht die festverschlossenen Türen öffneten und ein bleicher, abgezehrter Mönch durch die Zimmer huschte. Die Leute erzählen darüber folgendes:

Unser Herr Pfarrer, so sagen sie, saß eines Tages mit den anderen hiesigen Herren in dem an das Hauptgebäude stoßenden Gemüsegarten, der durch eine sehr alte Mauer von dem Grasgarten getrennt ist. Da hörten alle ganz deutlich ein dreimaliges Klopfen, wie es schien, an der in jener Mauer befindlichen Pforte. Einer von ihnen öffnete sofort dieselbe, sah jedoch niemand. Am anderen Tage ging's gerade so und zwar um die nämliche Zeit; ebenso am dritten, obgleich sich die Herren so auf die Lauer gestellt hatten, daß sie beide Gärten gut übersehen konnten. Sie schüttelten bedenklich die Köpfe und waren am folgenden Tage wieder pünktlich auf ihrem Posten. Kaum aber hatten sie jetzt zum vierten Male das Klopfen vernommen, als in dem nämlichen Augenblick die alte Mauer an jener Pforte zusammenbrach und die Herren auf dem Schutt das Gerippe eines Menschen von ungewöhnlicher Größe liegen sahen.

Durch den Einsturz der Mauer aber war auch ein Teil der Nische bloßgelegt, die das Skelett beherbergt hatte. Der Pastor ließ die Gebeine sammeln und in geweihter Erde begraben.

Seit jener Zeit ist Ruhe in dem Gebäude.

Der Schimmel des letzten Propstes zu Kloster Zella

Vor einigen Jahrzehnten zeigte man in dem Hauptgebäude der auf einer sonnigen Terrasse im Feldagrund gelegenen ehemaligen Propstei Zella zwei stark beschädigte Trittsteine an der nach den oberen Räumlichkeiten führenden breiten Treppe und erzählte darüber nachstehendes:

Als der letzte der Pröpste von Zella im Sterben lag, witterte dieses sein Lieblingspferd, ein Schimmel, im Stall, riß sich dort los, zerschlug die Tür, sprengte jene Treppe hinauf, drang in das offenstehende Krankenzimmer, beroch und beleckte eine Zeit den sterbenden Herrn und legte so lange den Kopf auf dessen Deckbett, bis der Propst das Zeitliche gesegnet hatte; dann erhob sich der Schimmel, lauschte noch eine Weile, hing traurig den Kopf und ließ sich ruhig die Treppe hinunter in den Stall führen, wo er noch an der Hand des Dieners tot niederstürzte. Auf diesem Gange soll der Schimmel von den erwähnten Trittsteinen die Stücke abgetreten haben.

Vom »wüteninge« Heer bei Glattbach

Ein alter Förster von Dermbach erzählt: »Es ist schon lange her, daß mein seliger Pate droben in Glattbach bei einem reichen Bauern als Knecht diente. Damals kam es oft vor, daß die Bauern dort bis zum hellen Morgen sich beim Kartenspiel »verlustierten« und ihre Knechte herunter nach Dermbach schickten, um ihnen das Bier zuzutragen. So wurde auch einstmals mein Pate in der Nacht hierhergeschickt.

Als er nun mit vollem Krug auf dem Heimweg droben auf der sogenannten »neuen Wiese« anlangte, fühlte er ein Bedürfnis, setzte den Krug nieder und ging beiseite. Da hörte er auf einmal ein arges Brausen und Spektakulieren, das sich aber, je näher es kam, desto mehr in einen gar lieblichen Gesang verwandelte. Es war das »wüteninge« Heer, lauter kleine krüppelhafte Gestalten. Die zogen über die Wiese, und der erste griff nach dem Krug, trank und gab ihn dem zweiten, und so trank der ganze Zug. Mein Pate dachte: »Das geht gut, da kannst du nur gleich wieder umkehren«. Der Krug aber war noch so voll wie zuvor. Wie er nun nach Hause kam, setzte er ihn auf den Tisch und die Bauern soffen sich toll und voll. Als mein Pate aufräumte, fand er den Krug noch so gefüllt, als hätte niemand daraus getrunken. Am anderen Abend ging's grade so. Am dritten aber fiel es den Bauern doch auf, daß der Knecht nicht weg gewesen und auch nicht mitgetrunken hatte. Sie holen ihn aus dem Stall herbei und »törgten« so lange an ihm, bis er beichtete, und von Stund an war's mit dem Zauber vorüber. Der Krug war und blieb leer«.

Das Zauberbuch in Glattbach

Es war einmal ein Bauer aus Glattbach, dem das Vermögen nur so zum Haus hinein fiel, ohne daß er sich groß drum bemühte, so daß es zuletzt seinen Nachbarn aus dem Gehöfte auffiel. Man munkelte allerlei, auch daß er mit dem Bösen einen Pakt geschlossen und ein Buch habe, mit dem er den Hans und seine Gesellen zitieren könne. Und so war es, denn als der Bauer eines Tages sich hierher nach Dermbach auf den Weg machte, und den Schlüssel zu seiner Lade abzuziehen vergaß, machte sich der neugierige Knecht, der schon lange etwas gewittert hatte, über die Lade her und entdeckte auch das geheimnisvolle Buch. Und als er das Gruseln vor demselben überwunden hatte, legte er es auf den Tisch, zog einen Stuhl bei, blätterte eine Zeit lang in dem Buche und begann dann unbedachtsamerweise laut darin zu lesen. Das wäre dem Kerl aber beinahe schlecht bekommen, denn in seinem Leseifer hatte er gar nicht darauf geachtet, was um ihn herum vorging und daß, je weiter er in dem Buche las, immer mehr Teufel in der Stube sich aufstellten. Zu seinem Glück war dem Bauer unterwegs eingefallen, daß er den Schlüssel zu der Lade im Schlosse stecken lassen hatte. Erschrocken war er wieder zurück geeilt und fand den Knecht noch laut in dem Buche lesend am Tische und den Hans mit schon neun Gesellen in der Stube. Verblüfft stand der Bauer einen Augenblick auf der Schwelle, doch als ihn jetzt der Hans frug, was sie hier sollten, war der Bauer auch sofort wieder bei sich, sprang mit den Worten: »Wart' einen Augenblick«, auf den Boden, kam gleich darauf mit einem Maß Erbsen zurück, schüttete diese in die Stube, sagte: »So die lest mir hübsch rein aus«, stieß den Knecht vom Stuhl und begann nun in dem Buche wieder rückwärts zu lesen. Und ehe er noch damit zu Ende kam, hatten auch die Teufel ihre Erbsen gelesen und einer um den andern sich wieder leise davon geschlichen. Was zwischen dem Bauer und dem Knecht dann vorgekommen, das weiß man nicht. So viel aber ist gewiß, daß, wäre der Bauer nicht noch zur rechten Zeit zu der Bescherung gekommen, so hätte der Teufel dem Knechte den Hals umgedreht.

Von der Neu- oder Hexenwiese bei Glattbach

Am Wege von Dermbach nach Glattbach liegt in der Nähe des letzten Ortes die Neu- oder Hexenwiese. Hier sind schon viele zur Nachtzeit von bösen Geistern irre geführt worden. Zu gewissen Zeiten brennt dort auch ein blaues Licht, das von kleineren Flämmchen umgaukelt wird.

Der Teufel im ehemaligen Kapuzinerkloster zu Dermbach

Einmal hatte der Teufel einem der Seinigen mehrere Säcke voll Getreide versprochen und machte sich daher auf den Fruchtboden der Klosterbrüder, um dort gehörig einzusacken. Das merkten aber bald die Mönche, eilten auf den Boden, wo sie den Bösen in der besten Arbeit antrafen, und da sie wußten, daß er ihnen als heiligen Männern nichts anhaben konnte, so machten sie schnell ihre geweihten Stricke los und hieben den Herrn Urian so lederweich, daß er vor Schmerzen wie ein Löwe brüllte und die ganze Nachbarschaft vom Schlafe aufweckte, bis er endlich das Bodenloch wieder erwischte und hinausfuhr.

Schwarze Männer bei Dermbach

Rechts von der Straße nach Oechsen ist im Walde eine Kohlstätte; dort erschreckt oft ein riesengroßer schwarzer Mann die Vorüberwandelnden.

Ein anderer zeigt sich oft am Dermbacher Galgen.

Ein dritter, den man aber kennt und der aus Glattbach stammt, geht an dem Teiche in der Nähe des weißen Borns auf und ab.

Vom alten Schlosse bei Dermbach

Am Wege von Dermbach nach der Tann, zwischen dem weißen und schwarzen Born, stand einst auf dem südöstlichen Vorsprunge ein stolzes Schloß, das von ebenso stolzen Rittern bewohnt wurde. Die hatten eine Schwester, die wegen ihrer außerordentlichen Schönheit in der ganzen Gegend bekannt war. Zu der entbrannte ein Mönch aus Kloster Zella in heftiger Liebe und brachte es durch allerlei Künste nach und nach dahin, daß ihm das Fräulein heimlich mit in das Kloster folgte, wo er sie hinter einem Heiligenbild lange Zeit verbarg.

Da aber die Brüder des Fräuleins, die sie in der Umgegend lange und vergeblich gesucht hatten, ihren Aufenthalt entdeckten, brachen sie mit gewappneter Hand in das Kloster ein, fanden die Schwester in ihrem Versteck und führten sie nach dem Schlosse zurück, wo sie nach kurzer Zeit starb, allein bis auf den heutigen Tag im Grabe noch keine Ruhe fand, denn alle sieben Jahre zeigt sie sich auf dem Schutthaufen des ehemaligen prächtigen Schlosses.

Vom Schatze auf dem »Herrenacker« bei Dermbach

Hinter dem ehemaligen Kloster in Dermbach liegt ein wahrscheinlich früher zu diesem gehöriges Stück Land, das der »Herrenacker« genannt wird. Dort sollen einst die Mönche viel Geld vergraben haben, und das soll noch in der Erde sitzen. Alle sieben Jahre zeigt daselbst eine blaue Flamme die Stelle des Schatzes an, aber der Teufel läßt keinen zum Holen kommen, denn bis jetzt haben sie sich allemal verplappert, wenn sie beinahe soweit waren.

Von der »Schwarze-Valte-Wiese« bei Dermbach

Von Dermbach nach der Hartschwinde, ungefähr zur Hälfte des Weges, liegt die »Schwarze-Valte-Wiese«, die ihren Namen von einem gewissen Valentin Schwarz oder, wie andere sagen, von einem, den sie den »schwarzen Valte« hießen, erhalten haben soll. Der aber, so geht die Sage, war der beste Bruder auch nicht und kümmerte sich weder um den lieben Gott, noch um dessen Gebote. So ging er auch einmal in der Osternacht hinaus und wässerte seine Wiese, obgleich er recht gut wußte, daß er da eine große Sünde tat. Es bekam ihm auch schlecht, denn während der Arbeit fuhr ihm unvermutet der Böse in der Gestalt eines schwarzen Geißbocks zwischen die Beine und trug ihn alsbald auf und davon. Auf dem Geißbock aber lernte auch bald der schwarze Valte beten, und da der Teufel dieses nicht vertragen konnte, so setzte er den reuigen Sünder in der Nähe von Ziegenhain drunten in Hessen wieder ab, worauf er dann nach einigen Tagen als ein ganz anderer in Dermbach wieder eintraf.

Vom Spuke an der »Hexenbrücke« und dem ehemaligen Richtplatze bei Dermbach

So zeigt sich an der sogenannten »Hexenbrücke« über die Felda alle Jahre zu bestimmten Zeiten ein unheimliches Licht, von dem niemand etwas Näheres anzugeben weiß. Zwischen Dermbach und der »Hexenbrücke« liegt der ehemalige Richtplatz, auf dem, wie alte Leute sagen, ein steinerner Tisch mit Bänken gestanden haben soll. Der Platz wird bis heutigen Tages noch zur Nachtzeit gerne gemieden. Viele, die hier in der Geisterstunde vorüber mußten, sahen ein unheimliches Licht brennen, der Erdboden tat sich auf, ein kopfloses Gespenst erhob sich aus demselben, wandelte einige hundert Schritte mit und verschwand in dem Dunkel der Nacht.

Von dem weißen Fräulein auf dem alten Schlosse bei Dermbach

Alle sieben Jahre läßt sich auf dem sogenannten »alten Schlosse« bei Dermbach das verwünschte Fräulein sehen. Sie ist gar bildschön von Antlitz und Gestalt, hat goldblonde Locken, trägt ein schneeweißes Gewand und einen glitzernden Schlüsselbund am goldenen Gürtel.

Eines Morgens wollte eine arme junge Frau von Dermbach, nachdem sie ihr säugendes Kind gestillt und eingeschläfert hatte, in den Wald, um »zu brennen« zu holen, und nahm ihren Weg über das »alte Schloß«. Als sie dieses erreicht, erschrak sie gewaltig, denn vor ihr stand die weiße Jungfer. Diese aber blickte sie mit ihren großen blauen Augen so freundlich an, daß die Frau sich ein Herz faßte und sie nach ihrem Begehr fragte. Darauf winkte ihr die Jungfer gar holdselig zu und führte sie mit Hilfe eines der Schlüssel durch eine früher nie gesehene schwere Tür in ein großes Gewölbe. Hier schloß die Jungfer eine Menge Truhen vor den Augen der Frau auf, und als diese vor Erstaunen über den Reichtum die Hände zusammenschlug, lächelte das Fräulein und sprach: »Siehe, all das Gold, Silber und Edelgestein gehört demjenigen, der mich erlöst. Willst du nun, daß dies alles dein werde, so eile hinunter in dein Haus und hole dein unschuldiges Kindlein auf das Schloß, bringe auch ein weißes Tüchlein mit, dieses breite draußen aus und setze dein Kindlein darauf; ich werde dann dasselbe dreimal küssen, ohne ihm auch das geringste Leid anzutun; dann bin ich erlöst, und du bist die reichste Frau im Umkreis. Doch muß ich dir noch bemerken, daß ich dann nicht in meiner jetzigen Gestalt erscheine; du brauchst jedoch nicht zu erschrecken, denn dir wie deinem Kindlein wird und kann, wie ich dir schon gesagt, kein Leid geschehen«.

Bei dieser Rede seufzte die Frau tief auf; doch die unermeßlichen Reichtümer, die sie hier vor Augen hatte, nahmen ihr bald jedes Bedenken. Sie eilte schnell nach Hause, holte ihr Kind und das weiße Tüchlein und tat dann oben auf dem Schloßberg, wie ihr geheißen. Kaum hatte sie das Kind auf das Tuch gesetzt und sich einige Schritte davon zurückgezogen, als auch schon eine Menge Ungeziefer um das Tuch herum zu kriechen begann, ohne jedoch das Kind zu belästigen. Doch klopfte schon der Frau das Herz in banger Erwartung und Angst; als nun aber gar noch eine mächtige wohl an zwanzig Fuß lange Schlange, mit dem Gesichte der Jungfrau, herangekrochen kam und sich dem Kind näherte, – da entsetzte sich die Mutter, und die Angst preßte ihr Herz zusammen; mit einem lauten Schrei kam sie der Schlange zuvor, raffte Kind und Tüchlein auf und stürzte, während die Schlange ihr nachseufzte, den Berg hinunter ihrem Hause zu.

Auch die alte Gänsehirtin und noch viele andere sahen die weiße Frau, wie sie dreimal um die Buche herumwandelte und sehnsüchtig nach ihnen hinwinkte. Sie wollte erlöst sein. Das aber verstanden die Weibsleute nicht und machten jedesmal, daß sie davon kamen. Im Gehen aber hörten sie, daß die weiße Jungfrau noch dreimal gar arg »grötzte« (seufzte).

Von den Schatzgräbern auf dem alten Schlosse bei Dermbach

In dem »Keller«, dem einzigen sichtbaren Überreste des sogenannten »alten Schlosses« bei Dermbach, liegen noch unermeßliche Schätze an Gold und Silber begraben, die den, der sie zu heben versteht, zum reichsten Mann der Gegend machen; doch muß er schon vorher mehr können, als Brot essen, denn es wird dieser Schatz von einem bösen Geiste in Gestalt eines riesigen Bären gar wohl bewacht.

So kamen einige Bauern vom Glattbacher Hofe, die groß von sich dachten, gar übel an.

Sie machten sich, nichts Böses ahnend, in einer geeigneten Nacht mit allerlei Instrumenten zum Graben und Brechen auf den Weg zum »alten Schlosse« und gingen dort ans Werk. Nach langer, mühevoller Arbeit leuchtete ihnen endlich der Schatz in einer Felsenspalte entgegen; doch zugleich vernahmen sie in ihrem Rücken ein entsetzliches Brummen. Wie der Blitz fuhren die Schatzgräber herum, ließen vor Schrecken das Werkzeug fallen, und stürzten Hals über Kopf aus dem Gewölbe ihrem Hofe zu, wo sie Gott im stillen dankten, daß sie mit heiler Haut aus den Klauen des riesigen Wächters, den sie dicht hinter sich gesehen, entronnen waren. Eine offenstehende Tür mit zwei wunderschönen Pfeilern, die den Eingang zu den Schätzen bezeichnen, wollen noch viele dort droben gesehen haben.

Vom »wüteninge« Heer zu Dermbach

Das »wüteninge« Heer kam einmal vom Geiser Wald über den Emberg herunter und zog singend durch Dermbach. Einige Weibsleute, die von ihrer Türe aus das Heer beobachteten, sahen ganz deutlich, wie die letzte im Zuge ihre Gedärme auf dem Arme mit sich fort trug. Da sprach die eine, die gar eitel war, ganz leise zu der andern: »Der mag auch schlecht zu Mute sein«. Das Gespenst aber hörte es doch und antwortete: »Mir ist nicht so weh, als wenn du dich am Samstage strählst und mit nassen Haaren zu Bette gehst«, und zog seines Weges weiter.

Erscheinungen auf dem Steine bei Dermbach

a. Eines Tages wurden die Musikanten von Dermbach auf den Abend von einem Unbekannten zum Spielen bestellt. Auf ihre Frage, vor wem und wo sie spielen sollten, erhielten sie keine rechte Antwort. Man sagte ihnen bloß, daß sie gegen Abend in einer Kutsche nach dem Tanzplatze abgeholt würden, nur bis gegen zwölf Uhr aufzuspielen hätten und dafür tüchtig bezahlt werden sollten. Und als sie solches zufrieden waren und die Kutsche abends richtig eintraf, stiegen die Musikanten hinein, und nun ging's mit ihnen auf und davon.

Als endlich der Wagen hielt, sahen sie, daß sie sich unter einer großen Gesellschaft, jung und alt, auf dem »Steine« neben dem sogenannten »alten Schlosse« befanden. Die Musikanten spielten auf, und die Gesellschaft tanzte bald heckenhoch. Nach jedem Reigen gab es harte Taler und Einzelnes vollauf, auch zu essen und zu trinken im Überfluß, so daß die Musikanten, als sie gegen zwölf Uhr verabschiedet wurden, dem lustigen Völkchen erklärten, gerne noch bis zum hellen Morgen aufspielen zu wollen, was dieses jedoch ablehnte.

Die Musikanten traten nun den Rückweg an. Vor Dermbach fiel es einem ein, seine Tasche in den Hut auszuleeren, um einmal zu zählen, wie viel er droben beim Spielen eingenommen, und siehe! die harten Taler samt dem Einzelnen hatten sich alle in Porzellan und Glasscherben verwandelt. Seinen Kameraden aber erging es nicht besser, und nun erst fiel ihnen ein, daß es Walpurgis war, und sie also den Hexen aufgespielt hatten.

Auch wollte einmal einer aus Dermbach den Hexentanz droben auf dem »Steine« mit ansehen, von den Hexen aber selbst nicht erkannt werden. Da wurde ihm denn geraten, auf dem Gange ein Ei zu sich zu stecken, welches vor Tagesanbruch von einer schwarzen Henne gelegt worden sei. Und das tat er und sah dann auch die Hexenwirtschaft droben richtig mit an, so daß er am anderen Tage alle die nennen konnte, die den Tanz mitgemacht hatten.

* b. Auf dem Steine bei Dermbach wollten viele zur Adventszeit eine weiße Jungfer gesehen haben, die, wenn Unberufene sich ihr näherten, in eine der Felsschluchten schlüpfte. Andere sahen zu derselben Zeit ein Feuer, das von kleineren Flämmchen umgeben war. Noch andere hörten dort eine gar wunderbare Musik.

Die weiße Jungfer auf der Sachsenburg

Hinter Dermbach nach Geisa zu erheben sich über dem »Stein« und dem Eppersberg und dem noch höher gelegenen »alten Schlosse« auf der Hochebene zwei mächtige Berge mit basaltischen Gebilden: die 1878 Fuß hohe Sachsenburg und die etwas niedrigere, nur durch ein enges bewaldetes Tal von dieser getrennte Röderburg, Riederburg oder Hessenkuppe, die sich nach Westen hin in den Geisaer Wald abdachen.

Der Sage nach sollen die von Karl dem Großen hierher versetzten Sachsen auf dem ersten eine starke Burg gegründet haben, um sich gegen die feindlichen Einfälle der Thüringer zu schützen. – Heute noch zeigen sich dort zwei weiße Jungfrauen. Die eine trägt den glitzernden Schlüsselbund an ihrem Gürtel, die andere ein schwarzes Kreuz auf dem Rücken. Es ist noch nicht lange her, da sah einer aus Oechsen, der dort oben am Himmelfahrtstage Heilkräuter suchte, eine weiße Jungfrau auf der nach Oberalba hin liegenden Klippe der Sachsenburg. Sie schien gar traurig in das Land hinein zu blicken, und als sie sich wandte, sah er ganz deutlich das schwarze Kreuz auf ihrem Rücken. – Dem alten Kreiser von Dermbach begegneten eines Tages beide Jungfrauen am Fuße der Sachsenburg. Sie winkten ihn zu sich; er aber entsetzte sich so bei ihrem Anblick, daß er sofort umkehrte, und als er gar die Jungfern hinter sich drein kommen sah, spornstreichs auf Dermbach zueilte. In seiner Stube angekommen, stürzte er bewußtlos nieder. Die weißen Jungfern waren aber ihm nur bis zur Grenze gefolgt.

Von den Holzhauern an der Sachsenburg

An Feiertagen soll man nicht arbeiten; das wußten einige Holzhauer aus Dermbach recht gut, frugen aber nicht darnach und gingen am dritten Ostertag hinauf an die Sachsenburg. Aber kaum hatten sie mit Holzhauen angefangen, als sich dort auf einmal ein so arger Sturm erhob, wie sie ihn noch nicht erlebt hatten. Es war, als bräche der ganze Wald über ihren Köpfen zusammen und das wurde je länger, je toller, so daß es die Leute vor Angst nicht mehr aushalten konnten, ihre Äxte aufhockten und Hals über Kopf aus dem Walde stürzten. Als sie ins Freie kamen, war alles wieder so mäuschenstill, als wie vorher. Der alte Adam, der mit dabei war, sagte, in seinem Leben gehe er nun und nimmermehr an einem dritten Osterfeiertag in den Wald an die Arbeit.

Vom Bill- oder Bilsenstein

Der alte Weg von Oberalba nach Geblar führt in der Nähe der Röder- und Sachsenburg an einem etwa 25 Fuß hohen Felsen vorüber; es ist dies der Bill- oder Bilsenstein, der von den dortigen Landleuten mit dem Dunkelwerden gern gemieden wird.

An bestimmten Tagen schreitet ein weißverschleiertes Frauenbild, von zwei unheimlichen Katzen begleitet, aus dem Felsen und trinkt aus der mehr östlich gelegenen Quelle der Öchse, dem Bilsenborn. Auch ein feuriger Mann und noch viel anderer Spuk treibt besonders zur Adventszeit dort sein Wesen; sie erschrecken die Leute und führen sie vom richtigen Weg ab.

Wie der Schatz am Bilsenstein dem alten Stoffel von Oechsen unter den Händen verschwindet

Dem alten Stoffel von Oechsen träumte es vor Johanni drei Nächte hintereinander, daß droben am Bilsenstein ein Schatz stehe, den er holen sollte. Da dachte er, das muß wahr sein, nahm seine Rodhaue auf die Schulter, ging in der Johannisnacht hinauf, fand richtig den Platz und machte sich an die Arbeit. Wie er nun eine Zeit lang gehackt hatte, stieß er auf einmal auf eine Haue. »Aha!« dachte Stoffel, griff zu, legte sie beiseite und rodete weiter. Da hörte er auf einmal in seinem Rücken: »Stoffel, bist du es Kuckucks, was schierst du da?« Es war der Schmied von Oechsen, der dort droben kohlte und durch das Hantieren herbeigelockt war. Stoffel aber antwortete nicht und ließ sich in seiner Arbeit nicht stören. Als aber der Schmied noch drei- bis viermal frug, wurde Stoffel immer ärgerlicher, vergaß sich gerade in dem Augenblick, als er mit seiner Rodhaue den Deckel der Geldkiste durchhieb und rief: »Ei, so hol dich der Kuckuck mit deinem ewigen Gefrag!« Und ritsch! war die Kiste wieder verschwunden. Er hatte nichts als die alte Haue davon gebracht. Die aber wird bis heute noch als Wahrzeichen zu Oechsen in der Familie aufbewahrt.

Der Schatz am Bilsenstein

Der alte Wirts-Käß (Kaspar) in Oechsen träumte drei Nächte hintereinander von einem großen Schatze am Bilsenstein.

In der vierten Nacht ging er hinauf, um ihn zu heben, fand aber an der bezeichneten Stelle statt des gehofften Geldes einen mächtigen Haufen Roßäpfel. Das brachte den Käß so außer sich, daß er vor Bosheit: »Da fahre der Teufel 'nein!« fluchte. Im Nu waren die Roßäpfel verschwunden.

Von den gespenstigen Mähern am Bilsenborn

Droben am Bilsenstein am Bilsenborn ist's bekanntlich nicht geheuer. »Mein Großvater«, erzählt der alte Gerichtsschulze von Oechsen, »ging gegen Johanni auch einmal um Mitternacht dort hinauf. Wir hatten nämlich dort ein großes Stück Wiese, und da wollte er zeitig mit Mähen beginnen. Als er nun in die Nähe des Bilsenborns kam, sah er dort auf einer anderen Wiese zwei Männer schon tüchtig an der Arbeit. Er hörte ganz deutlich jeden Sensenhieb, sah auch noch, wie in der Nähe der beiden ein weißes Tuch mit allerlei Speise und Trank auf dem Boden ausgebreitet war. Mein Großvater grüßte drauf die beiden im Vorbeigehen. Da sie aber nicht dankten, ja sich nicht einmal nach ihm umdrehten, kümmerte er sich nicht weiter um sie und ging an seine Arbeit. Wie er eine Zeit darauf nach ihnen sich umsah, waren sie samt dem weißen Tuch auf und davon. Es hatte kurz vorher im Dorfe hier unten zwölf geschlagen. Als er nun mit Tagesanbruch beim Nachhausegehen doch einmal sehen wollte, was die beiden für Arbeit gemacht hätten, da regte sich bei meinem Großvater jedes Haar unterm Hut. Es war kein Sensenhieb auf der ganzen Wiese zu sehen, ja nicht einmal die Spur eines Fußtritts«.

»Vom Ritterspfad« (Reuterspfad) bei Oberalba

Der alte katholische Kantor Roth von Dermbach, ein gar braver und wahrheitsliebender Mann, kam eines Tages von Schleid und ging den sogenannten »Ritterspfad« hinunter nach Dermbach. Da begegneten ihm drei unheimliche Weibsbilder, die, als sie an ihm vorüber waren, gar arg stöhnten. Eine Strecke weiter sah er einen ganzen Haufen menschlicher Gestalten, die wie ein Ameisenhaufen durcheinander krabbelten, zuletzt stand er dem Bösen selbst gegenüber.

Er schlug ein Kreuz, der Böse machte Platz und ließ ihn vorüber; der Kantor aber ist bald darauf gestorben.

Von der alten Kirche bei der »Hartschwinde«

»Sie kennen doch die »Hartschwönge«, die kleine Mühle, die am Fuße des Baiers gegen Osten an der Felda gelegen ist. Nun, dort in der Gegend, wo die Straße von Urnshausen auf die ältere Chaussee stößt, ein klein wenig nach Dermbach zu, linker Hand, soll vor alters die eine Kirche von Oberweilar gestanden haben; man heißt den Acker auch heutigen Tags noch die »alte Kirche«. Dort soll es, so hat man immer gesagt, nicht ganz geheuer sein. Und daß dem so ist, das habe ich selbst herausgefunden«, so erzählte die alte Rike von Urnshausen und fuhr also fort: »Da war ich doch einstmals mit noch etlichen Kameraden gerade zur Mittagsstunde an jenem Platze, als ich auf einmal eine große Vertiefung – es war ein Eingang in einen Keller – vor mir sah. Im ersten Augenblicke dachte ich an nichts Unrechtes und ging auch fünf bis sechs Trittsteine hinunter. Da aber fiel mir's brühheiß ein, daß ich das Werk im Leben noch nicht gesehen hatte und kannte doch den Acker wie meine eigene Tasche.

Ich wurde stutzig, und weil es mir an zu gruseln fing, machte ich, daß ich wieder hinauf zu meinen Kameraden kam. Die aber waren ein gut Ende von mir weg. Ich erzählte ihnen, war mir begegnet; wir hielten nun Rat, gingen dann zurück, aber da war auch keine Spur mehr von dem Loche, oder wie ich's nennen soll, zu sehen. Nun erst ärgerte ich mich, daß ich so ein Furchthase gewesen war.«

Der Schatz an der »Hartschwinde«

An der »Hartschwinde«, da, wo man es »an der alten Kirche« heißt, gewahrten zwei Wanderer in stockfinsterer Mitternacht unweit des Wegs einen Kessel voll glühender Kohlen. Als sie näher traten und statt der Kohlen lauter neues, geprägtes Gold in dem Kessel erblickten, griffen beide sogleich hastig in die Henkel. Der Kessel jedoch war so schwer und der eine von den beiden so schwach, daß er den Kessel auf seiner Seite nicht zu heben vermochte; darob eiferte sich der andere dermaßen, daß er seinem Kameraden mit einem lauten, kräftigen Fluche zurief, besser anzupacken. In dem Augenblick jedoch versank der Kessel mit seinem Inhalte wieder in die Tiefe, und die armen Teufel hatten das Nachsehen.

Von derselben Stelle wird erzählt, daß ein Reiter, der des Nachts vorüber mußte, plötzlich ein mächtiges Tor, hinter welchem eine hohe Feuersäule aufschoß, erblickte. Das Pferd wurde scheu, wandte sich und sprengte zurück.

Ein anderer sah dort einen winzigen Zwerg, der wie ein Frosch hin- und herhüpfte und ihm den Weg versperrte.

Das »wüteninge« Heer und die arme Magd vom Lendershof

»Auf dem ›Lengers‹ (dem Hof Lenders) oberhalb Oechsen auf der Hochebene, war einstmals eine arme Magd an einem Kreuzwege mit Mistbreiten beschäftigt. Da zog das wilde Heer, das jedesmal aus zweiundvierzig Köpfen besteht, an ihr vorüber nach der Sachsenburg. Als die Magd sah, daß die letzte im Zuge ihre Gedärme nachschleifte, überkam sie ein Erbarmen, nahm ihren Misthaken und warf ihn, ohne sich lange zu besinnen, über das Gespenst weg. Da rief ihr dieses zu: ›Das wird dir Gott lohnen, halte aber deinen Mund!‹ Als darauf die Magd den letzten Düngerhaufen ausbreitete, da fand sie eine große Summe Geldes.

Sieben Jahre später, die Magd war längst verheiratet, war sie gerade mit Brotsäuern beschäftigt und stand mit dem warmen Wasser in der Küchentür, da kam das ›wüteninge‹ Heer wieder nach Lenders und zog durch ihr Haus, in welchem gerade drei aufeinanderstoßende Türen offen standen. Als die letzte des Zuges an ihr vorüberhuschte, tauchte sie den Finger in das Säuerwasser, flüsterte: ›Halt' deinen Mund!‹ und zog dann den übrigen nach. Unbesorgt benutzte die Frau das Wasser zum Säuern und hatte das Glück, daß das Brot, so viel sie auch Laibe aus dem Keller holte, nie alle werden wollte. Das aber fiel den andern im Hause auf, die Frau mußte beichten, und nun wollte niemand mehr von dem Brote essen. Zu gleicher Zeit war es aber auch mit dem Brotsegen im Keller aus«. So erzählte es der alte Gläser Lorenze Hannes.

Vom Baiersberg

Der höchste und schönste von der Sachsenburg aus in den Feldagrund vorgeschobene Basaltkegel der Vorderrhön ist der Baier oder Baiersberg. Er ist reich mit Sagen geschmückt. Die eine läßt in seinem Innern noch unheimliches Feuer fortglühen und bringt mit diesem das dumpfe Rollen, welches bis heute noch gehört werden soll, in Verbindung. Andere sagen, der ganze Berg sei hohl und mit Wasser ausgefüllt. Noch andere wollen wissen, daß vor uralten Zeiten in dem Innern des Berges ein großes Schloß gestanden, in welchem ein riesiges Rittergeschlecht gehaust habe. Der letzte der Ritter hätte dann seine Frau auf dem Berge bei Fischbach, sich dagegen auf dem Hessenberge begraben und beide Gräber mit großen Steinhaufen bedecken lassen. Ein Knabe, der einst über dem Baiershof, rechts vom Goldbörnchen, Heilkräuter suchte, stand plötzlich vor der Pforte, die zu dem geheimnisvollen Schlosse führte. Er lief, um seine nicht weit von ihm beschäftigte Großmuter herbeizuholen; doch als er mit dieser an den Platz zurückkam, war alles wieder verschwunden.

Das »verwunschene« Schloß am Baier

a. Das »verwunschene« Schloß am Baier stand am Hahl (Haal), am Wege von Oberalba nach Oechsen zu.

Vor Jahren waren noch die Keller zu erblicken, und Schatzgräber haben vielfach ihr Glück dort versucht.

Ein Mann von Oberalba sah, als er um Mitternacht da vorüber mußte, das Schloß.

Eine Schar wildaussehender Jäger mit langen Bärten und Spinnwebengesichtern saß vor demselben und zechte an einer Tafel, die hell erleuchtet war.

b. Von dem Schlosse auf dem Baier erzählt die Sage folgendes:

Einstmals hütete die bildschöne Tochter des Kuhhirten von Unteralba ihre Herde am Baier, da bemerkte sie, daß sich mehrere Tage hintereinander eine Kuh von der Herde entfernte und in dem Walde verlor, abends jedoch vor dem Nachhausetreiben regelmäßig wieder einstellte.

Als das Mädchen dem Tiere einmal eine Zeitlang durch den Wald nachging, sah sie zu ihrem größten Erstaunen, wie die Kuh durch das offene Tor eines prächtigen Schlosses in den Hof trabte. Das Mädchen, das nie etwas von dem Schlosse gehört und gesehen hatte, blieb einen Augenblick erschrocken stehen, faßte sich dann aber bald ein Herz und sprang der Kuh durch das Tor nach. Kaum aber war sie in den Schloßhof getreten, als ihr ein stattlicher Junker entgegentrat, sie bei ihrem Namen nannte und mit gar einschmeichelnden Worten fragte, ob sie nicht geneigt sei, ihn zu ihrem Eheherrn zu nehmen und in dem prächtigen Schlosse da zu wohnen. Das Mädchen betrachtete den schönen Junker und schlug ein. Hocherfreut führte sie dieser nun in das Schloß und zeigte ihr all die prachtvollen Gemächer und die kostbaren gold- und silberdurchwirkten Kleider, so daß ihr Herz vor Lust und Freude aufjauchzte. Als dies der Junker gewahrte, wiederholte er seine Frage, knüpfte aber diesmal die Bedingung daran, daß, wenn sie dies alles und noch viel mehr besitzen wolle, sie ihm zu ihrem beiderseitigen Glücke noch fest geloben müsse, ihm eine Reihe von Jahren, es komme, was da wolle, durchaus nicht zu zürnen. Das Hirtenmädchen ging freudig auf alles ein. Sie wurde nun sofort in die kostbaren Gewänder gekleidet und lebte als Edelfrau herrlich und in Freuden. Auch gebar sie dem Junker nacheinander zwei bildschöne Knaben. Sie liebte ihren Eheherrn so sehr, daß sie ihm selbst nicht zürnte, als er ihr jedes der Kinder bald nach der Geburt derselben, während sie schlief, wegnehmen ließ. Doch als sie den dritten Knaben zur Welt gebracht hatte und ihr auch dieser, wie die übrigen, eines Morgens genommen wurde, da empörte sich aus Liebe zu ihren Kindern ihr Herz, so daß sie auch selbst ihr Gelöbnis vergaß und ihrem Gemahl auf seine Frage, ob sie ihm nicht zürne, ein heftiges »Ja« zur Antwort gab. Kaum war dies über ihre Lippen, als den Junker eine gar große Traurigkeit befiel, in welcher er ihr kundtat, daß von nun an ihr beiderseitiges Glück auf immer dahin sei. Vor vielen, vielen Jahren nämlich sei das Schloß mit allen Bewohnern verwünscht und verflucht worden. Durch sie allein, wenn sie ihrem Gelübde treu geblieben wäre, hätte der Bann gebrochen werden können und sie ihre drei Kinder wieder zurückerhalten. Nun aber sei alles verloren. Die Hirtentochter verfiel hierauf in einen tiefen Schlaf, und als sie erwachte, befand sie sich wieder in ihren alten Kleidern einsam in dem Walde.

Der Goldborn am Baier

Eine kleine Strecke im Walde über dem Baiershof, links vom Fußpfade, der nach der Kuppe des Berges führt, rieselt im Schatten üppigen Baumwuchses, zwischen den wild durcheinander liegenden Basaltblöcken ein Quell, der der »Goldborn« genannt wird und in früheren Zeiten viel von den Venedigern besucht wurde, die jedoch, als sie die Neugierde der umliegenden Orte erregt hatten, wieder ausblieben. Von dem letzten der Welschen, der den »Goldborn« besuchte, gehen im Munde des Volkes nachstehende zwei Sagen. Die am häufigsten vorkommende lautet:

Als der letzte jener geheimnisvollen Fremden, die den Baier besuchten, eines Tages von dem Pächter Pempel auf dem Baiershof, bei welchem er sich jedesmal einlogiert hatte – andere sagen von dem Hosenschneider in Weilar – Abschied nahm, sprach er zu diesem: »Freund, ich werde nun nicht wieder an den Baier kommen. Gott lohn' Euch das Gute, was Ihr an mir getan. Solltet Ihr einmal nach der Stadt Gotha kommen, dann sucht mich dort auf, mein Name ist so und so«.

Mit diesen Worten wandte sich der Fremde und ging talwärts. Jahre waren seitdem vergangen, da mußte der Pächter zufällig nach jener Stadt, und da ihm dort auch der Venediger wieder in den Sinn kam, so erkundigte er sich nach seiner Wohnung. Man wies ihn nach einem der schönsten und größten Häuser. Und da es dem Manne nicht einleuchten wollte, daß der arme Welsche so prächtig wohne, so erkundigte er sich vor dem Hause nochmals bei einem Vorübergehenden nach seinem alten Bekannten. Doch ehe der Gefragte dem Pächter antwortete, rief letzterem ein am Fenster des Hauses stehender vornehmer Herr zu, er sei ganz recht und möge nur zu ihm heraufkommen. Von diesem wurde er denn nun auch herzlich bewillkommt. Da aber der Pächter sich nicht erinnern konnte, den Herrn jemals gesehen zu haben, so verschwand dieser auf einige Augenblicke durch eine Seitentür und trat dann in seinem ehemaligen ärmlichen Kleide vor den Pächter hin, in welchem ihn denn auch dieser als seinen alten Freund sofort wieder erkannte. Nun teilte ihm der Welsche mit, wie der »Goldborn« ihn aus einem Armen zu einem Reichen gemacht, und er sich, da es ihm in Thüringen gefallen, darauf in der Stadt Gotha niedergelassen habe; zugleich bat er den Pächter, mindestens auf einige Tage sein Gast zu bleiben, was er sich denn auch gern gefallen ließ. Der Venediger bewirtete ihn aufs köstlichste und entließ ihn reichbeschenkt mit den Worten: »Vergeßt nicht, Freund, daß in euren Bergen mancher mit einem Steine nach einer Kuh wirft, der oft mehr wert ist, als diese selbst«.

Die zweite wird also erzählt: Vor langen Jahren fuhr einmal eine prächtige Kutsche an der Pächterswohnung auf dem Baiershofe vor. Aus dieser stiegen zwei gar vornehme Herren, die dann sofort aufwärts in den Wald gingen, wo sie längere Zeit verweilten. Als sie nun wieder zurückkamen, traten sie bei dem Pächter ein, und einer derselben, ein Greis, frug darauf jenen, ob er ihn nicht wieder erkenne. Und als der Pächter dies verneinte, sprach der Fremde: »Ich werde gleich wieder hier sein«, ging nach seinem Wagen und trat bald darauf in der Kleidung der Venediger, die früher den Berg besucht hatten, vor den jetzt ganz verblüfften Pächter, der ihn dann nach einigem Besinnen auch als den letzten der Welschen, die sich hier herumgetrieben, wieder erkannte. Bei einem guten Glase Wein, den der Gast aus seiner Kutsche herbeibringen ließ, erzählte der seinem alten Freunde, wie er durch das viele Gold, welches er oben in dem »Goldborn« gewonnen, ein steinreicher Mann geworden, und daß ihn Sehnsucht und Dankbarkeit noch einmal hierher getrieben; auch habe er seinem hier anwesenden Sohne vor seinem Ende gern noch einmal den Quell ihrer Reichtümer zeigen wollen. Dies sei der Grund, daß er in seinen alten Tagen die Reise nochmals unternommen; denn Gold würde keiner mehr aus dem Borne gewinnen. Darauf beschenkte er noch reichlich den Pächter und schied auf Nimmerwiedersehen.

Die nächtliche Holzabzählung am Baier

Es war vor zwei Jahren, gerade um die jetzige Zeit, wo der Waldmeister blüht, als ich mit meinem Manne nach dem Baier hinauf ging, um Einblätter, die so gut für die schwarzen Blattern sind, einzusammeln, und um uns nebenbei auch einmal nach der tausendfarbigen Glücksblume, die einzig und allein dort droben blühen soll, umzusehen. Aber der Baier ist gar hoch und das Umherklettern macht müde Beine, daher setzten wir uns ein wenig nieder und sprachen von diesem und jenem. Da erzählte mir denn auch mein Mann, daß er von dem verstorbenen Kreiser und einigen alten Holzhauern mehrmals die seltsame Geschichte von der nächtlichen Holzabzählung am Baier, welche sich alle sieben Jahre wiederholen soll, gehört habe. Ich kenne sie noch genau.

Es war auch einmal ein Schlag oben, als grade die sieben Jahre herum waren, und da von dem Holze gestohlen wurde, so hatte der Förster den Kreiser und einige Holzhauer des Nachts als Wache hinaufgestellt. Als nun unten die Glocke elf schlug, da gewahrten die Männer rings um den Berg, so weit sie nur sehen konnten, überall zwischen den Bäumen eine Menge Holz- und Reisigstöße, die auf einmal wie Pilze aus der Erde geschossen waren, und der ganze Berg wimmelte alsbald auch von unheimlichen schwarzen Gestalten, lauter Hexenzeug und Teufelspack, das sich leise einander die Worte zuflüsterte: »Das ist mein Reisig!« – Der Kreiser und die Holzhauer schwitzten eine volle Stunde lang zwischen dem Spuk, denn es wagte vor Angst keiner, nur einen Fuß fortzusetzen. Endlich schlug die Glocke drunten im Tal zwölf, und alles war auf einmal verschwunden, das Holz, das Reisig, samt den schwarzen Gestalten.

Kaum aber hatte damals mein Mann das letzte Wort der Geschichte über die Zunge, so setzte sich auch schon ein großer, beinklapperdürrer Has' – und eine Hase ist doch sonst ein furchtsames Tier – uns beiden grade gegenüber, machte ein Männchen und sah uns ganz dreist in die Augen, gleich darauf saß ein zweiter neben dem ersten und überall knitterte und knatterte es in den Gebüschen. Da überfiel mich eine solche Angst, daß ich mein eigenes Herz klopfen hörte. Ich raffte hurtig mein »Kräutig« zusammen, faßte meinen Mann am Arme und nun ging's Hals über Kopf den Berg hinunter. Mich bringen keine zehn Pferde wieder hinauf.

Die Spukecke am Baier

In südöstlicher Richtung vom Baiershofe zieht sich aufwärts in den dunklen Buchenwald eine duftende Bergwiese hinein. An ihrem obersten Ende bildet der Wald eine düstere Ecke, die man die Spukecke nennt. Hier brüllt an bestimmten Tagen, wenn die Sonne hinter den westlichen Basaltkuppen verschwunden ist, eine weiße Kuh. Da kommt die weiße Jungfer vom Baier mit Schemel und Eimer, setzt sich unter die Kuh und melkt. Ist der Eimer gefüllt, und die Jungfer wieder den Berg hinauf, dann verschwindet auch, noch einige Male brüllend, die weiße Kuh in den dunklen Laubgängen.

Das graue Männchen und die Erzgräber am Baier

»Es kann nun wohl über hundert Jahre sein«, so erzählte ein Greis in Gehaus, »als einmal fremde Leute hierher kamen und einige von hier mit auf den Baier nahmen, um dort nach seltenen Erzen zu graben. Sie waren schon tief in den Berg eingedrungen, als sie auf einmal ein eigenes Brausen im Innern des Berges vernahmen. Als sie sich umsahen, bemerkten sie oben am Eingange der Grube ein kleines graues Männchen, das sie mit ernsten Blicken musterte und dann im strengen Tone also zu ihnen redete: ›Ihr Toren, ihr! Laßt ab von euren unsinnigen Beginnen; wißt ihr nicht, daß der ganze Baier voll Wasser ist, und daß, wenn ihr so fortfahrt, das ganze Tal überflutet und in Gehaus Mann und Maus ertrinken werden?‹

Als die von Gehaus das hörten, entsetzten sie sich, warfen die Grube schnell wieder zu und dankten Gott für die zeitige Warnung.

Von dem Grauen aber war keine Spur mehr zu sehen.«

Das Schloß am Baier

Zwischen dem »Hollerborn« und dem »Goldborn«, dicht unter der Baierskuppe, soll auf einer sanften, mit Buchen und Ahorn bewachsenen Erhöhung ein Schloß gestanden haben, von dem jedoch keine Spur mehr vorhanden ist.

Doch vermutet man noch einen Keller an jener Stelle, weil der Boden hohl unter den Füßen klingt. In einem Grenzstreit zwischen dem Grafen von Henneberg und Ludwig von Boyneburg von Lengsfeld geschieht dieses Schlosses um die Zeit von 1535 bis 1540 Erwähnung. Otto Schmidt, Schultheiß zu Urnshausen, einer der Zeugen in diesem Streite, sagte, er habe vielfach von alten Leuten vernommen, der Baier gehöre zum Amte Fischberg. Es habe daselbst vor langen Jahren ein Schloß gestanden, und wenn die Besitzer desselben zu Pferde nach der Kirche spuken und ihre Frauen und Jungfrauen absitzen und ruhen wollten, so sei dies geschehen bei Niederalba »auf dem langen Steine« unweit der jetzt noch stehenden Kapelle zu Ehren St. Nikolaus, die dieser Ritter erbaut, und zwar früher, wo die Kirche zu Dermbach gewesen. So stünde auch unter dem Versperbilde »Unserer lieben Frauen« ein steinerner Sarg, darin längen die Gebeine von zwei Fräulein von dem Schlosse auf dem Baier.

Die feurigen Männer am Baier

Ein junger Schäfer, der in einer Sommernacht 1856 in der Hütte unweit des Pferchs auf der Hochebene des Baiers zwischen dem Hedwigshof und dem Busengraben schlief, wurde um Mitternacht durch das Bellen des Hundes und den Aufruhr der Schafe geweckt.

Er sprang auf, um nachzusehen, legte sich aber, da er nichts fand, wieder nieder.

Da ging aufs neue der Lärm los. Schafdiebe vermutend, durchsuchte er nun mit der Pistole in der Hand die Umgegend bis ans Hölzchen. Der Mond schien so helle, daß er die ganze Gegend überschauen konnte, aber es war nichts zu entdecken.

Zum dritten Mal durch das Bellen des Hundes und den Aufruhr

Schäfer mit seiner Herde auf der Hochebene des Baiers

der durch die Hürden brechenden Schafe von seinem Lager gejagt, erblickte er jetzt, kaum hundert Gänge vor sich, einen Feuerball, aus dem ihn zwei gräßliche Augen anstieren. Schrecken und Furcht fesselten den Schäfer an die Hütte, denn er gedachte der Warnung seiner Eltern, die er mitunter abends von der Herde aus heimlich in Weilar besuchte, daß er sich von den feurigen Männern nicht irre leiten oder sich von ihnen auf den Rücken springen lassen sollte. Während dem war der Feuerball von Sekunde zu Sekunde gewachsen, hatte die Gestalt eines riesengroßen Mannes, mit einem Sack auf dem Rücken, angenommen und stieg dann in das Tal der Öchse hinunter.

Viele Einwohner der auf jener Hochebene gelegenen Dörfer wollen zu verschiedenen Zeiten jenen Feuerriesen ebenfalls gesehen haben. Auch ist es noch nicht lange her, daß ein Mädchen von Baiers ein helles Feuer auf einer nahegelegenen Wiese gewahrte. Sie rief ihren Vater, doch ehe dieser anlangte, war das Feuer schon verschwunden.

Die Schlüsselblume am Baier

Am Baier ging einst ein armer Mann, ein Kötzenmacher (Kiepenmacher) von Gehaus, am Johannistage, um Salweiden zu schneiden oder Kräuter zu suchen. Da gewahrte er dicht vor sich eine prächtige Blume. Und als er sie ausrupfte, um sie mit nach Hause zu nehmen, sah er zu seiner Überraschung an der Wurzel einen alten mächtigen

Schlüssel hängen. Noch größer war sein Erstaunen, sich plötzlich vor einem gewölbten Eingang in den Berg stehen zu sehen, aus welchem ihm eine holdselige Jungfrau entgegenwinkte. Als sich der erste Schrecken des armen Mannes gelegt, folgte er getrost der Jungfrau, die ihn durch einen langen, langen Gang in ein hell erleuchtetes Gewölbe führte. »Nimm, so viel du vermagst!« sagte hier die Jungfrau und deutete auf ein offenes Faß mit goldenem Weizen. Der Mann besann sich, steckte aber doch eine Handvoll in die Tasche und verließ dann das Gewölbe. An der Pforte hörte er nochmals die Stimme der Jungfrau, welche rief: »Vergiß das Beste nicht!« Er aber war froh, als er den blauen Himmel wieder erblickte, und schritt rasch durch die Tür, die krachend hinter ihm ins Schloß flog. Da erst fiel ihm ein, daß er die schöne Blume mit dem Schlüssel zurückgelassen; er wollte umkehren, allein die Tür war verschwunden. Ärgerlich griff er in die Tasche und warf auch den Weizen von sich, der ihm seiner Meinung nach doch nichts helfen konnte. Dieser aber wurde von einem schwarzen Vogel aufgesucht und gierig verschluckt.

Am andern Tag sah der arme Mann mit Erstaunen, daß sich die wenigen Weizenkörner, die in seiner Tasche stecken geblieben waren, in blanke Goldstücke verwandelt hatten, und da ärgerte er sich nun gewaltig, daß er die andern so leichtsinnig weggeworfen.

Die weiße Jungfer am Baier

Schon vielen ist die weiße Jungfer droben am Baier erschienen und zwar bei Tag und Nacht, am meisten im sogenannten »Dörnichtgehai«. Sie führt stets den Schlüsselbund am Gürtel bei sich und will angeredet sein. Die Leute aber fürchten sich und reißen aus, wie erst neulich einer von der Fischbach. Der warf seine Welle Reisig weg, riß aus, kam heim und konnte nachher noch lange vor Schrecken kein Wort sprechen.

Schwarze Hunde am Baier

Am Baier lassen sich zuweilen auch gespenstige große schwarze Hunde sehen, die einen erst gar schrecklich mit ihren feurigen Telleraugen anglotzen und dann eine Wegstrecke vor den Leuten herlaufen. So wollte mein seliger Mann, er war ein Branntweinbrenner und stammte aus der Gegend von Nordhausen, mit einem Knechte von Roßdorf, wo er in der Brennerei gewesen, die heilige Liete herauf hierher nach dem Baiershof, wo wir uns noch nicht lange angekauft hatten, als die beiden einen derartigen schwarzen Hund vor sich gewahr wurden. Der Knecht erschrak gewaltig. Mein Seliger aber, der das Herz auf dem rechten Flecke hatte, besann sich nicht lange, riß ihm den Stock aus der Hand und schlug auf das schwarze »Getierts« los, traf aber nichts als die Luft. Das Gespenst begleitete sie noch eine ganze Strecke und verschwand an einem der Grenzsteine. Zwei Brüdern von hier, Johannes und Johann Adam, die von Unteralba vom Pfingsttanz heimgingen, ist es gerade so gegangen, nur mit dem Unterschiede, daß der eine den Hund sah, der andere aber nichts davon gewahr wurde.

Vom Otternkönig am Baier

Am Baier hauste ein Otternkönig, der trug ein gar prächtiges Krönlein von gediegenem Golde, welches er jedesmal, wenn er sich in der Mittagsstunde in einer der Quellen am Berge badete, auf den grünen Rasen niederlegte.

Solches hatte nun ein feiner Junker gesehen, und da es ihm nach dem Krönlein gelüstete, so machte er sich eines Morgens nach jener Quelle auf den Weg, band sein Roß an einen Baum und breitete seinen Mantel an der Stelle aus, wo der Otternkönig sein Krönlein vor dem Baden niederzulegen pflegte. Dieser ließ denn auch nicht lange auf sich warten, legte das glitzernde Kleinod auf den Mantel und schlüpfte in die Quelle. Leise schlich sich jetzt der Junker dorthin, raffte den Mantel mit dem Krönlein auf, band ihn fest zusammen, schwang sich auf sein Roß und machte sich mit seinem Fund aus dem Staube. Doch ehe er noch das Ende des Waldes erreichte, hatte auch schon der Otternkönig seinen Verlust entdeckt und stieß einen so gellenden Pfiff aus, daß im selbigen Augenblick alles Gewürm des Berges in Aufruhr geriet und der Junker, so schnell er auch mit seinem Rosse dahinjagte, von demselben gar bald eingeholt war, das im Nu die Beine des Rosses umringelte und sich zischend nach ihm selbst empordrängte. Als der Junker dies mit Entsetzen gewahrte, schleuderte er den Mantel samt der Krone weit von sich und trieb sein Roß zu noch größeren Sprüngen an. Im selbigen Augenblick verließ ihn denn auch das Gewürm, stürzte sich auf den Mantel und zerbiß ihn in tausend Stücke, während der Otternkönig von seinem verlorenen Krönlein wieder Besitz nahm.

Die drei weißen Fräulein an der Baierskuppe und die Förster von Lengsfeld

»Ich kann mich noch recht gut aus meiner Kindheit an die beiden alten Förster von Lengsfeld erinnern, die den Baier damals zu begehen hatten«, so erzählte die alte Marie vom Baiershof, »der eine hieß Huck, der andere Rotteck. Die hatten sich einmal vorgenommen, droben an der Baierskuppe die Nacht hindurch Wache zu halten, weil dort immer gar zu viel Holz gestohlen wurde. So keuchten sie denn auch richtig gegen Abend in den Schlag hinauf und legten sich dort in eine der Hütten, welche die Holzmacher für sich aufgebaut hatten, auf die Lauer. Als nun die Mitternachtsstunde herangekommen sein mochte, hörten sie plötzlich ein seltsames Geräusch, stießen sich an, und einer nickte dem anderen zu, zum Zeichen, daß er ihn verstanden habe. Wie erschraken sie aber, als sie statt der erwarteten Holzdiebe drei weiße Fräulein in dem Schlage gewahrten und ganz deutlich die Worte vernahmen: ›Ist das nicht unser Holz und unser Reisig?‹ Die beiden Förster aber entsetzten sich so sehr über den Spuk, daß sie trotz ihres Alters und des lahmen Beines des einen Hals über Kopf den Berg herunterstürzten und totenbleich hier auf dem Baiershof anlangten. Und es hat's keiner wieder versucht, nachts droben auf der Kuppe in dem Schlage zu wachen.«

Vom Pfarrer am Baier

Vor vielen Jahren war in Gehaus ein Pfarrer, namens Müller, kein Mann nach dem Willen Gottes; er gab vielmehr durch sein eigenes Leben der Gemeinde großes Ärgernis. Deshalb ließ ihn auch der Herr fallen, und als er starb, packte ihn der Gottseibeiuns am Kragen und trug ihn hinauf an die Kuppe des Baiersbergs, gerade dorthin, wo das Gestein am wildesten untereinander liegt. Dort droben hat er sich nun aus den Basaltblöcken eine Kanzel gebaut und predigt in der Geisterstunde seiner Gemeinde Buße; die aber hört ihn nicht, und will er zu ihr hinab, so verirrt er sich in dem Gesteine und stolpert so lange darinnen herum, bis die Stunde verronnen. Und so muß er predigen und umherstolpern bis zum Jüngsten Gericht, wo er begnadigt werden soll.

Das Gewölbe an der »steinernen Treppe« auf dem Baier

Am Himmelfahrtstage kam eine Frau von Unteralba an die Baierskuppe, um Kräuter zu suchen. Als sie nun in der Nähe der sogenannten »steinernen Treppe« anlangte, sah sie dort plötzlich eine Art Gewölbe vor sich offen stehen, dessen innere Wände mit seltsamen Buchstaben beschrieben waren, und da die Frau es nicht wagte, allein einzutreten, so lief sie nach Hause, erzählte dort ihrem Manne, was sie gesehen, und machte sich dann mit diesem wieder auf den Weg nach dem Baier und der »steinernen Treppe«. Sie suchten aber vergeblich nach dem Eingang. Alles war wie sonst.

Der alte Schmied von Weilar am Baier

Der alte Schmied von Weilar kohlte einst in der Nähe des »Goldbornes« am Baier. Da gewahrte er, als er sich eben niederlegen wollte, um Mitternacht vor seiner Hütte ein bildschönes junges Fräulein. Sie trug ein schneeweißes Kleid mit einer langen Schleppe und ein Krönlein auf dem Haupte. Sie schaute den Schmied gar freundlich an; der aber war ob der Erscheinung gar sehr erschrocken, doch behielt er noch so viel Fassung, daß er diese mit den Worten: »Schwere Not, Jungfer! was will Sie von mir?« anließ.

Da sah der Schmied, wie die Jungfer erbebte, sich traurig umwandte und dann wie im Nebel verschwand.

Von Paulus, dem Räuber, am Baier

Vor mehr als hundert Jahren hauste in den Vorbergen der Rhön, hauptsächlich am Baier, ein gefürchteter Räuber mit Namen Paulus, vor dem die Leute eine solche Angst hatten, daß sie nicht einmal seinen Namen gern auszusprechen wagten, weil er überall auch erschien, wo er genannt wurde, denn er hatte mit dem Unreinen einen Pakt geschlossen und große Macht dadurch erlangt. Er konnte die Leute festmachen, die er mit seiner Bande berauben wollte, und ließ er sich einmal fangen und einstecken, so war sicher darauf zu rechnen, daß Paulus am andern Morgen wieder auf und davon war, denn für ihn fand sich keine Mauer zu dick und zu hoch und kein Schloß und Riegel zu fest. Hatte er aber keine Lust, sich den Häschern zu überliefern, dann machte er sich unsichtbar oder verwandelte sich in einen Hund oder auch in einen schwarzen Kückelhahn, krähte von dem ersten besten Dache auf die Häscher herab oder machte sie fest und lachte sie aus.

So waren einmal einige seiner Bande bei einem Bauern in Mittelsdorf eingestiegen, um diesem, von dem sie nicht wußten, daß er auch mehr konnte, als Brot essen, den großen Kessel aus der Küche zu stehlen. Der Bauer aber hatte Unrat gemerkt, schlich sich in die Küche, bannte die Räuber fest, als sie eben den Kessel ausheben woll-

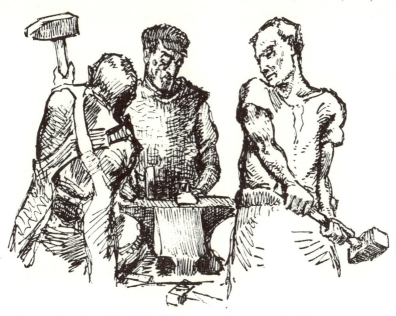

Der Schmied von Weilar mit seinen Gehilfen

ten, und rief dann die Häscher aus Kaltennordheim herbei. Doch ehe diese noch das Gesindel schließen konnten, stand auch schon Paulus mitten unter ihnen. Der aber vermochte mehr als der Bauer, löste dessen Bann, machte ihn samt den Häschern nun selbst fest und verschwand mit seinen Gesellen und dem Kessel.

Ein andermal verkaufte ein reicher Bauer zu Glattbach ein paar fette Ochsen an einen Metzger. Als er nun sein Geld abends bei Licht nochmals nachzählen wollte, und sein Kind nach den blanken Laubtalern griff, um damit zu spielen, drohte er ihm, das ganze Geld dem Paulus geben zu wollen. Das Kind aber hatte keine Ruhe. Da strich der Bauer ärgerlich die Taler in den Beutel, schob das Fenster auf und hielt ihn mit den Worten hinaus: »Da, Paulus, hast du das Geld!« – Und der ließ sich so etwas nicht zweimal heißen, griff zu und verschwand.

Nur vor zwei Leuten in der dortigen Gegend hatte Paulus, wie er selbst sagte, Respekt, der eine war der Hexenmeister Joseph, ein Schlosser in Wiesenthal, der andere der alte Papiermüller bei Weilar, denn wenn der Räuber diesen letzteren des Nachts mit seiner Bande heimsuchen wollte, fand er die Mühle rundum mit Wasser umgeben oder an Ketten hoch in der Luft schweben.

Paulus trieb sein Wesen lange Zeit fort, bis er endlich von den Gerichten mit Hilfe des erwähnten Schlossers Joseph in einem seiner Schlupfwinkel, einer Höhle im »Ibegarte« (Eibengarten) über dem Dorfe Glattbach, dem »Paulusloche« festgenommen wurde.

Joseph hatte zu diesem Zwecke für den Räuber ein besonderes Schloß gemacht, welches dieser trotz seiner Zauberkraft nicht wie die andern aufzublasen vermochte. Paulus wurde verurteilt, auf dem Neuberge an den Galgen geknüpft zu werden; da aber das Gericht immer noch fürchtete, daß er auf dem Wege dorthin dennoch entspringen möchte, so ließ es einen besonderen Kasten zum Transport des Räubers machen, aus dem Kopf, Hände und Füße so herausragten, daß sie von außen nochmals geschlossen werden konnten. Als denn Paulus endlich auf die Leiter gebracht war, bat er um die Gnade, Gottes Erdboden noch einmal betreten zu dürfen. Dies wurde ihm aber verweigert, und nun gestand er, daß er die Bitte darum gestellt habe, um dem Verfertiger jenes Schlosses noch einen »Tücks« antun zu können. Der Hexenmeister Joseph, der so' etwas vermutete, soll sich deshalb aber auch den ganzen Tag in seinem Keller aufgehalten haben, weil er sich unter der Erde vor der Zauberei des Räubers sicher wußte.

Noch ein Stückchen vom Räuber Paulus

Eines Tages war der Räuber Paulus nach dem auf dem Hochrain über Dermbach gelegenen Gehöfte Steinberg geritten, hatte sein Pferd in den Stall gebracht und ließ sich eben das Frühstück recht gut schmekken, als auf demselben Gehöfte ein Kommando Fürstbischöflicher Husaren eintraf und bald darauf in der nämlichen Stube sich zu gleichem Zwecke niederließ. Bald kam das Gespräch auch auf den Räuber, den sie nicht persönlich kannten. Als dieser mit seinem Früh-

Räuber Paulus als Gockelhahn

stück fertig war, ging er einen Augenblick beiseite, betrat dann wieder das Zimmer, sagte den Reitern: »Wenn ihr Paulus fangen wollt, so kommt bald nach, meine Zeit ist hier vorbei«, grüßte und verschwand. Als die Husaren sich von ihrem Erstaunen erholt hatten, sprangen sie fluchend auf und zogen rasch ihre Pferde aus dem Stalle, um dem frechen Gesellen nachzusetzen. Der aber war schlau genug gewesen und hatte den Pferden, ehe er sich zu erkennen gab, vorsichtig die Bauchgurte durchschnitten. Ein andermal hörte der Propst von Zella, daß der Räuber in einem Hause des Dorfes Empfertshausen liege. Er raffte daher in aller Stille einen Trupp bewaffneter Leute auf, zog nach Empfertshausen und umstellte das Haus. Als der Räuber keinen Ausweg mehr sah, verwandelte er sich schnell in einen prächtigen, schwarzen Gockelhahn, flog auf den unteren Teil der Haustüre und krähte dem Propste fröhlich entgegen, daß dieser verwundert und erfreut über das schöne, furchtlose Tier diesem einigemal über Kopf und Rücken streichelte und dann das Haus vom Giebel bis zum Keller nach dem Räuber, jedoch vergebens, durchsuchte. Zu seinem nicht geringen Ärger erfuhr später der geistliche Herr, wen er so freundlich gestreichelt hatte.

Vom Irrgänger am Baier

Einer von Oechsen, der in Weilar Schnaps gebrannt hatte, ging bei voller Besinnung und auch rechtzeitig, um noch bei hellem Tage Oechsen zu erreichen, über den Baiersberg nach Hause. Dort droben aber mußte ihm Samen von »Irrkräutig« in die Schuhe gefallen sein, denn er kam vom Wege ab und lief bis in die Nacht hinein am Baier auf und ab. Als er so lange in der Irre umhergestolpert war, ließ er sich sehr ermüdet nieder, um so den Tag zu erwarten. Da fiel es ihm auf einmal ein, seine Schuhe auszuklopfen, und sie zu wechseln. Und kaum hatte der Mann dies vollbracht, so schlug ganz in seiner Nähe eine Turmuhr die zwölfte Stunde, und nicht ohne Gruseln sah jetzt der von Oechsen auch, wo er sich befand. Er saß auf dem Judengottesacker von Gehaus.

Von der Hexe zu Kranlucken

»Zu Kranlucken lebte vor Zeiten eine bitterböse Hexe, welche der Heiligen Dreifaltigkeit abgeschworen und sich dem Gottseibeiuns in die Arme geworfen hatte, der sie denn auch nachts oft besuchte und ihr allerlei heillose und tückische Künste lehrte. Natürlich blieb das nicht verborgen, und so kam es, daß sie von alt und jung im Dorfe verachtet und gemieden wurde. Darüber aber wurde die Hexe immer erboster und sann auf Rache; und da ihr der Teufel unter anderen

Schlechtigkeiten auch gesagt hatte, wie man die bösen Wetter mache, so nahm sie eines Tages ein Sieb, legte einen Katzenkopf, einen Krebs, faule Eier und was sonst noch dazu gehörte, hinein, sprach ihren Spruch und ließ das Zeug in dem Sieb dabei gehörig herumlaufen. So stieg denn bald darauf auch richtig eine kleine Wolke am Horizonte auf, welche die Richtung auf Kranlucken zu nahm. Hätten die Leute geahnt, was dem Orte bevorstand, und, wie in unsern Gebetbüchern steht, ein Kreuz gegen die Wolke gemacht, so wäre großes Unglück verhütet worden. So aber kam die Wolke ungehindert bis über das Dorf. Hier fuhr aus ihr ein greller Blitz, der sofort auch den Kirchturm und das halbe Dorf in Flammen setzte. Nur mit der größten Mühe wurde die andere Hälfte gerettet. Die Kirche aber blieb unversehrt, an diese hatte die Hexe mit ihrem Feuer nicht kommen können.« So erzählt es die alte Schäferin von Geblar.

Die Feuermänner zu Kranlucken

»Als ich noch zu Kranlucken bei einem Bauer diente«, erzählte der alte Hans Adam von Motzlar, »habe ich gar oft auch feurige Männer gesehen. Einmal war ich mit meinem Herrn abends spät noch an der Wiesenwässerung. Da stieß mich der auf einmal an und sagte: »Hans Adam, siehst du, da droben kommt er wieder herab«. Und wie ich hinauf sah, da kam der Feurige die Höhe herunter und gerade auf uns los. Ich wollte ausreißen, mein Herr aber hielt mich fest und meinte: »Bleib nur, dem seinen Gang kenn' ich schon, er hält sich dort jenseits des Grenzsteins hin«. Und so kam's auch. Mir aber stiegen dennoch die Haare zu Berge, denn der Kerl war gar zu gruselig anzusehen. Kopf, Arme und Beine kohlkesselschwarz, der Leib aber brannte wie Schwefel, so daß man jede Rippe zählen konnte. Einige Tage darauf sah ich wieder beim Wässern noch einen andern ganz nahe an mir vorüberziehen. Vielleicht war es auch derselbe, denn er glich ihm, wie ein Ei dem andern.«

Der Schatz auf den »Erdensteinäckern« bei Motzlar

Der alte Michel von Motzlar pflügte einmal in den »Erdensteinäckern«. Da blieb plötzlich der Pflug festhängen. Der Bauer, der sich das nicht erklären konnte, dachte, die Ochsen wären störrig, und schlug gehörig drauf. Als er aber sah, daß sie sich ordentlich ins Zeug legten, und der Pflug dennoch nicht vom Flecke wollte, wurde er wild und begann zu fluchen. Da tat's auf einmal einen barbarischen »Kracher«, der Pflug ging los, und der Mann stand auf einmal ganz verdutzt da, denn vor seinen Augen sah er eine schwere Kiste tiefer und immer tiefer in den Erdboden versinken. Den starken eisernen Henkel hatten die Ochsen mit der Pflugschar losgerissen. Der Michel hat ihn darauf zum Wahrzeichen an unserer Kirchtür zu Motzlar aufgehangen, wo ich ihn in meiner Jugend noch gesehen habe. Denn der alte Hans Adam erzählt Ihnen keine Lügen.

Wie der Stoffel von Motzlar zum reichen Manne wurde

'S ist hierherum schon mancher arme Teufel durch einen Schatz zum reichen Mann geworden. So ging einmal, freilich vor vielen Jahren, der alte Stoffel von hier mit seiner Frau zur Kirmes. Als die beiden an einem Garten nicht weit vom oberen Wirtshause vorbei wollten, da sah der Stoffel dicht am Zaune etwas glitzern. Er trat näher. Es war eine große zinnerne Schüssel mit lauter Rübenschnitzeln angefüllt. Stoffel, der auch schon damals kein dummer Stoffel war, deckte geschwind sein Sacktuch darauf, hob die Schüssel vom Boden und trug sie nach Hause. Wie er hier das Tuch abdeckte, potz Donner noch einmal! da hatte er die ganze Schüssel voll hartes Geld. Seit jener Zeit war der Stoffel ein gemachter Mann.

Der Michel von Motzlar auf den »Erdensteinäckern«

Von dem letzten an der Pest Verstorbenen in Motzlar

Als zu Schleid das Fest der heiligen Maria zum Schnee zum erstenmal gefeiert wurde, zog auch von Motzlar alles dorthin, um das Fest mit zu begehen. Nur ein einziger Bauer blieb im Dorfe zurück und meinte höhnisch: »Ich feiere das Schneefest nicht mit«, und fuhr ins Feld zum Ackern. Das aber bekam ihm schlecht. Als die andern vom Feste zurückkamen, hörten sie ihn jammern und schreien: »Ach, hätt' ich doch auch das Fest lieber mitgefeiert!« Und wie darauf die Seinigen ins Haus traten, lag er tot am Boden und war schwarz am ganzen Leibe. Er war der letzte, den die Pest in Motzlar weggerafft hatte.

Von einem zu Motzlar, der sich auf dem Sterbebette selbst rechtfertigte

Zu Motzlar lag ein alter, reicher Bauer auf dem Sterbebette. Zu dem trat seine Tochter und sprach: »Vater, da es nun doch einmal zu Ende mit Euch geht, so wollen wir zum Herrn Pfarrer schicken und für Euch beten lassen.« Der Alte aber schüttelte mit dem Kopfe und erwiderte: »Wozu wollt ihr für mich beten lassen, habe ich doch keine

Sünde auf meinem Gewissen«, wandte sich ab und starb. Kurze Zeit darauf erschien er aber nachts seinem ältesten Sohn und bat diesen flehentlich, für seine arme Seele doch beten zu lassen, denn er leide furchbare Pein, und zwar, weil er sich in seiner Sterbestunde selbst gerechtfertigt habe. Als darauf der Sohn dem Vater bemerkte, daß es plötzlich so glühend heiß in seiner Kammer werde, entgegnete dieser: »O, du kennst die Macht des Feuers nicht, in dem ich aushalten muß. Das ist heißer, als alle Feuer der ganzen Erde zusammengefaßt. Drum flehe ich dich an, laß für mich Messe lesen und beten, auf daß ich erlöst werde. Freilich wirst du darüber selbst noch viel zu leiden haben. Denn die höllischen Geister werden es zu verhindern und dich erst durch allerlei Schrecken zu verführen suchen, dann werden sie dir drohen und zuletzt dir gar arg zusetzen. Bleibe aber standhaft und antworte ihnen auf keine Frage mit ja, sonst bin ich auf ewig verloren und du mit mir.« Als der Sohn seinem Vater gelobt hatte, ihm zu folgen, verschwand der Geist. Bald darauf erschienen auch richtig die Teufel, anfangs in gar schöner Gestalt, und zeigten dem Sohne allerlei schönes Geld. Als er das verschmähte, zeigten sie ihm die schönsten Pfeifenköpfe, frugen ihn: »Gefällt dir der nicht, ist der nicht schön oder der?« und boten sie ihm zuletzt alle miteinander an. Wie aber der Bauernbursche auch da standhaft blieb, alles zurückwies und auch nicht einmal ja sagte, da schleppten sie sogar noch einen Sack Hutzeln von den kostbarsten Birnen herbei, um ihn damit zu ködern. Da nun auch das nichts half, zeigten sie sich als echte Teufel, packten den jungen Burschen, reckten und dehnten, rüttelten und schüttelten ihn hin und her auf seinem Bette. Und als sie abzogen, lärmten und spektakelten sie wie die Enten und Frösche im Teiche und drohten, des andern Tages wieder zu kommen, wenn er für die Seele seines Vaters beten lasse. Er aber ließ dennoch Messe lesen und beten. In der folgenden Nacht erschien ihm der Geist seines Vaters nochmals. Der dankte dem Sohne und flehte ihn aufs neue an, ja auszuhalten. Aber auch die Teufel blieben nicht aus und trieben ihr Wesen, jedoch ebenso fruchtlos wie in der vorigen Nacht. Als aber in der dritten der Alte seinem ältesten Sohn erschien, da wurde es schon gar lange nicht mehr so heiß in der Kammer als zuvor, denn der Bauer war aus dem schrecklichen Feuer schon fast erlöst. Aber dem ungeachtet bat er den Sohn desto dringender, nur diese Nacht noch standhaft zu bleiben und das Beten fortsetzen zu lassen. Erscheine er ihm dann nicht wieder, so sei er erlöst. Bald darauf kamen auch die Teufel wieder, setzten dem armen Burschen aber auch diesmal vergebens zu. Der Alte hat sich darauf nicht wieder sehen lassen; er war also erlöst. Aber in der ganzen Gegend von Motzlar wird es keiner wieder wagen, sich auf dem Sterbebette selbst zu rechtfertigen.

Der tolle Jäger bei Motzlar

Einer von Motzlar hatte sich in der Zeit geirrt, denn er dachte, es sei gegen Morgen, und fuhr bei ganz hellem Mondschein mit dem Pfluge nach seinem Acker. Als er hier eine Zeit lang gepflügt hatte, hörte er plötzlich in der Ferne einen schrecklichen Lärm, der wurde je länger je ärger. Der Bauer erkannte den tollen Jäger, warf sich schnell auf das Gesicht und betete ein Vaterunser. So ging der Zug an ihm vorüber, ohne daß ihm ein Leid geschah. Doch kaum hatte sich der Bauer vom Boden erhoben, als auch schon wieder ein gar gräulicher Kerl »angehumpelt« kam. Er hatte ein langes und ein kurzes Bein und ging gerade mit dem langen oben am Raine hin, mit dem kurzen aber unten in der Furche. Wie er in die Nähe des Bauern kam, rief er: »Heda, Bauer, kann ich die hintersten von denen, die da vorüberzogen, wohl noch einholen oder nicht?« Unser Bauer aber hatte schon genug gehört und gesehen, gab keine Antwort und machte, daß er mit seinem Vieh nach Hause kam. Als er das Dorf erreicht hatte, schlug die Glocke gerade Mitternacht. Die kommende Ernte war aber in dortiger Gegend ungewöhnlich gesegnet, denn wo der wilde Jäger oder das »wüteninge« Heer durch die Fluren zieht, gibt es stets das Jahr hindurch Regen und Sonnenschein zu rechter Zeit.

Das Fest St. Mariae ad nivem zu Schleid

Die Legende erzählt, daß zur Zeit des Papstes Liberius zu Rom ein frommes Ehepaar aus edlem Geschlechte lebte. Das hatte der Herr mit reichen Gütern gesegnet, und da ihre Ehe kinderlos blieb, so gedachten sie mit ihrem Reichtum ein gottseliges Werk zu begründen und baten daher die heilige Jungfrau um ihren besonderen Schutz und Rat in dieser Angelegenheit. Diese erschien denn auch zuerst der Frau und tat kund, daß sie ihr Vorhaben billige, ihnen auch den Platz zu einem Kirchenbau näher bezeichnen wolle. Ein Gleiches geschah in der folgenden Nacht bei dem Ritter. Da ging denn das fromme Ehepaar zu dem Papste Liberius und teilte diesem sein Vorhaben und das Erscheinen der heiligen Jungfrau mit. Auch dem Papste selbst war die heilige Jungfrau erschienen. Sie beschlossen daher, des Zeichens gewärtig zu sein. So geschah es denn auch, daß am fünften Tage des Monats August, und zwar des Morgens, auf dem Esquilinischen Hügel der Platz und der Umfang der Kirche in wunderbarer Weise durch eine ungewöhnliche Schneedecke bezeichnet war. Und bald darauf erhob sich denn auch dort die Kirche zur »Heiligen Jungfrau Maria vom Schnee«. Nun geschah es, daß zur Zeit des Dreißigjährigen Krieges in dem Fuldaischen Amte Rockenstuhl die dortigen Gemeinden auch noch durch Hunger und Pest arg heimgesucht wurden, so daß, was nicht bereits gestorben, sich vor der schrecklichen Seuche in die nahen Wälder flüchtete, aber auch hier noch großenteils jämmerlich dahinstarb. Und als die Überlebenden erkannten, daß es auf diese Weise kein gutes Ende nehmen werde, beschlossen die beiden Gemeinden Schleid und Kranlucken, sich an die Barmherzigkeit der heiligen Mutter Gottes zu wenden, sandten eine Deputation an den Fürstabt Bernhard nach Fulda, und der genehmigte, daß die beiden Gemeinden eine Stiftung zu Ehren der heiligen Jungfrau zum Schnee in dem Dorfe Schleid gründeten. Und von Stund an verschwanden Pest und Hungersnot aus der Gegend.

In der vom Fürstabt Bernhard in Fulda vom 16. Mai 1627 ausgestellten Bestätigungsurkunde heißt es unter anderem, daß die beiden Gemeinden gelobt haben, jedesmal den Tag vor dem Feste der »Heiligen Maria zum Schnee« durch das strengste Fasten, das Fest selbst aber auf das feierlichste, gleichwie Ostern, Pfingsten und das Fronleichnamsfest, zu feiern, desgleichen die Stiftung durch jährliche Beiträge, den »Schneedreier«, zu unterstützen. Zum Schlusse des Festes wird ein feierliches Requiem für alle während und nach der Pestzeit Verstorbenen abgehalten. Schleid aber wird an jenem Tage von unzähligen Frommen besucht, so daß zuweilen gegen achtzehn Geistliche den dortigen Pfarrer in seiner Amtstätigkeit unterstützen müssen.

Vom Rockenstuhl und woher der Name des Berges und der Burg kommt

Einer der schönsten Basaltkegel der Rhön ist der 1604 Fuß hohe, bewaldete, in der Nähe des Städtchens Geisa gelegene Rockenstuhl, dessen Fuß bei dem Dorfe Schleid von der Ulster bespült wird. Eine feste Burg, die mehrmals gebrochen und wieder aufgebaut wurde und zu Anfang des 17. Jahrhunderts einen Teil zu dem Baumaterial des Schlosses Geisa liefern mußte, ist fast spurlos von dem Boden verschwunden. Sie diente unter anderem lange Zeit dem Fürstabte Conrad IV. aus dem gräflichen Geschlecht von Hanau zum Wohnsitze; auch hatte das Amt Geisa von ihr, dem damaligen Sitze des Gerichts, den Namen Rockenstuhl.

a. Der alte Möller aus Motzlar erzählte: »Dort droben also hatte der hochmütige und bösartige Ritter ein barbarisch festes Schloß gebaut, ihm aber noch keinen Namen gegeben. Nun hatte der Ritter einen Sohn, der war zwar ebenso tapfer, ja vielleicht noch tapferer als sein hochmütiger Vater, dabei aber gar freundlich gegen die geringen Leute, kurz ein guter und lieber Herr und dabei bildschön von Leibesgestalt. Der liebte in allen Ehren ein junges Bauernmädchen in dem Dorfe Geismar; sie war aber auch die schönste und bravste Jungfrau in der ganzen Gegend und war von dem jungen Herrn, als er einmal von der Jagd nach seinem Schlosse heimkehren wollte, vor ihrer Türe, mit dem Spinnrocken beschäftigt, gesehen worden. Seit jenem Abend hatte der Ritter keine Ruhe mehr gehabt und das liebe Mädchen, dem es bald ebenso erging, in ihrem Häuschen aufgesucht. Und da der Herr gar brav dachte und es nicht so treiben wollte, wie es die meisten heutzutage noch tun, so trat er eines Tages vor seinen hochmütigen Herrn Vater und erklärte, daß er das Mädchen zu seiner Frau nehmen wolle. Der aber fuhr gewaltig auf und ließ zuletzt den eigenen Sohn, als er von dem Mädchen nicht lassen wollte, in den Turm werden. Die Jungfrau, die nichts von dem Vorgefallenen wußte und die ihren Geliebten für untreu hielt, härmte sich sichtlich ab und ließ sich vor keiner ihrer Gespielinnen mehr blicken, bis sie alles durch einen treuen Diener seines Herrn erfuhr. Von da an aber hatte sie keine Ruhe mehr in ihrem Kämmerlein, sie nahm ihren Rockenstuhl, trug ihn auf den Berg, stellte denselben dem Turme, in welchem ihr Geliebter schmachtete, gegenüber und schaute Tag und Nacht unverwandt so lange nach ihm hin, bis man sie eines Morgens entseelt dort fand. Der junge Ritter aber, als er späterhin alleiniger Herr der Burg war, ließ den Stuhl dort aufstellen und gab der Burg zum ewigen Gedächtnis den Namen »Rockenstuhl«.

b. Eine andere Sage leitete den Namen »Rockenstuhl« von einem Gaugrafen des Buchenlandes, Namens Rogge, ab, der sich auf einem Stuhle im Lande herumtragen ließ und dort droben gern verweilte.

Der Schatz auf dem Rockenstuhl

a. »Ich weiß nicht, ob Sie die Anna Margarete Kann gekannt haben. Nun, die ging einmal am Tage der Würzweihe hinauf auf den Rockenstuhl, um roten Dost, der gut gegen die Hexen ist, dort zu holen. Da sah sie in der Nähe des alten Schlosses auf einmal einen Haufen feuriger Kohlen – es konnten ungefähr so zwei Metzen voll sein. Anstatt nun die Kohlen einzuraffen oder wenigstens auseinander zu schmeißen, bleibt die einfältige Frau stehen, betrachtet das Zeug eine Weile kopfschüttelnd und geht dann ruhig nach Hause. Als sie ihrem Mann darauf den Vorfall mitteilt, wurde der springböse und hieß sie dies und das, dann aber machten sie sich miteinander nach dem Rockenstuhl auf. Von den Kohlen jedoch war hier nichts mehr zu sehen.

b. Andere sahen dort droben goldgelbe Knotten auf einem weißen Tuche liegen. Wer eine Hand voll davon einsteckte, der brachte jedesmal die schönsten Dukaten mit nach Hause.

Fachwerkhaus mit Fischgrätenverband in Schleid

Der Schatzgräber auf dem Rockenstuhl

a. Der Hans-Rothe-Valtin wußte, daß droben auf dem Rockenstuhl ein Schatz brenne und daß er in der Johannisnacht zu heben sei. Da machte er sich denn mit noch einem hinauf zu dem alten Schlosse. Sie sahen richtig auch das Flämmchen und gingen frisch ans Werk. Als sie aber eine Zeit lang hantiert hatten, da ging der Spektakel los. Ein Haufen Raben, so viel hatten sie ihrer noch gar nicht beieinander gesehen, kam auf einmal angezogen, umschwärmte die Schatzgräber und pickte sie mit den Schnäbeln, daß es dem Hans-Rothe-Valtin selbst angst und bange wurde. Wie es aber auch noch im Walde anfing zu rauschen und zu krachen, so daß man glaubte, die Bäume brächen zusammen, da rief der eine: »Das halte der Teufel aus!«, nahm seine Rodehaue und machte sich auf und davon. So blieb denn auch dem Hans-Rothe-Valtin nichts anderes übrig, als ein Gleiches zu tun.

b. Ein andermal passierte es ihm geradeso, da hatte er den Wirtsknecht von Seifarts mit. Diesmal war es, als käme auch noch eine ganze Kompanie Reiter angesprengt. Und wie das der Knecht hörte, machte auch er, daß er davon kam. Ob es der tolle Jäger war, der dann und wann über den Rockenstuhl hinzieht, oder ob die schwarzen Männer, die sich bei Nacht dort droben sehen lassen, den Spektakel machten, wer kann's wissen?

Vom Bocksberge bei Geisa

»Auf dem Bocksberge bei Geisa, wo sonst das alte Raubnest stand, lassen sich alle sieben, oder, wie andere sagen, alle hundert Jahre drei weiße Jungfern sehen, die dann immer von oben herab bis an das Wassermanns-Gärtchen kommen und hier verschwinden. Einst hütete der Schäfer vom Rockenstuhl am Bocksberge, da fiel es ihm auf, daß sein Hund gerade zur Mittagszeit von der Herde verschwand und, als er wieder zurückkam, ›rammelsatt‹ gefüttert war. Wie das nun so mehrere Tage hintereinander vorgekommen war, wurde der Schäfer neugierig, folgte dem Hunde nach und stand plötzlich vor dem Eingange eines Gewölbes. Der Schäfer war kein Furchthase,

Turm der Stadtmauer von Geisa

ging hinein, sah rechts und links eine Menge Fässer mit allerlei Geldstücken und, als er sich umdrehte, auch die weißen Jungfern, die er höflich grüßte, worauf sie ihm andeuteten, daß er nach Belieben zulangen sollte. Und das ließ sich der Schäfer nicht zweimal heißen. Die prachtvolle Schlüsselblume aber, die auf dem letzten Fasse lag, und nach der die drei weißen Jungfern ihn hinwiesen, schien für ihn keinen Wert zu haben, er ließ sie liegen und trat mit vollen Taschen den

Rückweg an. Doch kaum hatte er den Ausgang erreicht, so schlug die Tür krachend hinter ihm zu, und war fortan keine Spur mehr von ihr am Berge zu sehn. Die drei Jungfern aber hörte er noch lange in dem Berge jammern und schreien. Von dem Gelde kaufte sich später der Schäfer ein hübsches Gütchen und war so ein gemachter Mann.

Sie reden auch noch mehr vom Bocksberge, daß z. B. dort oben, wo die alte Raubburg gestanden, noch viele andere Schätze, desgleichen uralter köstlicher Wein in einer Art steinerner Haut begraben liege, und wer die rechte Zeit und den rechten Spruch wisse, das alles erlangen könne«.

So erzählte es der alte Hans Adam Möller von Motzlar.

Das gespenstige Gefährt auf der Straße von Bremen nach Geisa

»Mein Bruder und noch einer«, erzählt die Ammergret, »kamen einmal zur Adventszeit, als die Sterne schon am Himmel standen, über Geisa her vom Tanner Jahrmarkt. Wie sich die beiden auf der Straße zwischen Bremen und Geblar zufällig umschauten, sehen sie von Bremen her ein gar sonderbares Fuhrwerk, noch geschwinder als ein Vogel im Fluge, ohne alles Geräusch, des Weges daher kommen. Die beiden hatten kaum noch so viel Zeit, nach rechts und links auszuweichen, um die zwei Rappen, denen die Köpfe fehlten, mit ihrem einen Faß ähnlichen Gefährt durchzulassen. In der Nähe von Geblar lenkten die Pferde links ab von der Straße und schossen quer über die Felder dem Dietrichsberge zu. Einige der Leute wollen wissen, das Fuhrwerk gehöre dem grünen Jäger; andere sagen, der weißen Frau mit dem Schlüsselbunde, die sich dort droben sehen lasse.«

Vom Wirt zu Geblar

Zu Geblar, einem Dörfchen westlich von Dermbach, war zur Zeit des Siebenjährigen Kriegs ein Wirt, der alle Welt betrog. Dafür mußte er aber auch nach seinem Tode so arg spuken, daß es beinahe niemand mehr in dem Hause aushalten konnte. Man ließ daher einen Jesuiten kommen, und der fing den bösen Geist alsbald in einem ledernen Sack, trug ihn hin auf den Dietrichsberg und bannte ihn fest. Dort droben jammert er nun und schreit unaufhörlich: »Drei Kartel für eine Kanne!«

Vom Gehauser Schorn

Nicht weit von Gehaus erhebt sich in dem Tale der Oechse ein hoher bewaldeter Rücken, der Gehauser Schorn. Auf dem ist es nicht geheuer und schon gar vielerlei Spuk geschen worden. So mögen wenige in Gehaus leben, die nicht das kleine gelbe Hündchen am Schorn gesehen haben. »Ich z.B.«, so erzählte eine Frau aus Gehaus, »höre es fast alle Nacht, wenn ich mich zur Ruhe lege, vom Schorn her bellen, und habe es auch gar oft mit eigenen Augen gesehen. Es trägt einen goldenen Schlüssel an einem roten Bändchen um den Hals; s'hat's aber auch noch keiner fangen können. Wer nun den rechten Spruch wüßte, um's zu bannen, der könnte reich werden. Viele wollen dort auch einen großen schwarzen Hund mit einem Schlüssel am Halse gesehen haben, andere wieder eine weiße Jungfer, die aber den Schlüssel am Gürtel hängen hatte. Meistens stand sie am Saum des Waldes unter der sogenannten »schwarzen Buche«, mitunter auch droben nicht weit vom Kreuzwege unter der alten Schaueiche. Dort in der Nähe, so sagen sie, soll auch das Schloß gestanden haben, aus dem sie stammt.

Aber das ist noch lange nicht alles, was sie vom Schorn erzählen. Gar oft sind auch schon dort zwei unmenschlich große schwarze Männer gesehen worden. Sie »hockelten« einander bis zum Kreuzwege, wo sie allemal verschwanden. Auch unten am Kreuzwege, wo's nach Willmanns zu geht, sahen einmal zwei Männer von Gehaus, und das am hellen Mittage, auf dem Wege einen offenen leeren Sarg stehen. Die Gehauser wußten nicht, was sie davon denken sollten. Sie hatten aber nicht lange Zeit zum Nachdenken, denn ehe sie sich's versahen, waren vier schwarze Männer mit verschimmelten Gesichtern da, die hockten den Sarg auf und schritten mit ihrer Last langsam den Berg hinauf.

Spukgestalten in und bei Oechsen

Am Wege von Oechsen nach Gehaus steht ein alter hoher Feldbirnbaum. Um ihn sammeln sich in der Mitternachtsstunde allerlei böse Geister, dreibeinige Ziegen, Hunde, Hasen, Katzen, Kaninchen und dergleichen mehr.

In dem Dorfe Oechsen selbst läßt sich in der Trippel- oder Goldbachsgasse ein Schaf ohne Kopf sehen, das den Leuten auf den Rükken springt.

Das graue Männchen vom »Hundswinkel« oberhalb von Oechsen

»Mir ist so etwas in meinem ganzen Leben nicht passiert«, begann eine aus Oechsen, »mein seliger Mann aber ging einmal in der Mittagsstunde über das Feld. Als er nun an den ›Hundswinkel‹ – so nennen wir die Waldwiese am Bilsenstein – kam, da sah er auf einmal ein graues unheimliches Männchen ein Stück vor sich stehen. Das winkte ihm zu folgen. Mein seliger Mann aber wollte nichts mit ihm zu schaffen haben, bog seitwärts ein und machte einen Umweg.

Da hätte aber ein Mensch den Weltspektakel hören sollen. Es war nicht anders, als ob der ganze Wald zusammenbräche. Meinem Seligen stiegen die Haare zu Berg. Den Heimweg hat er damals aber nicht wieder dorthin genommen. Das Stückchen ist übrigens auch schon manchem andern dort passiert.«

Vom »Hahl« bei Oechsen

»Droben im ›Hahl‹, wie wir hier sprechen, anderswo heißen sie's den ›Hähl‹ oder die ›alte Landwehr‹ – so ein Stückchen über dem Schindtal«, so erzählt der Schustershans von Oechsen, »da geht auch etwas vor, was noch nicht aufgeklärt ist. Wenn die Sonne untergegangen, da gibt's ein Rauschen und Zischen droben in dem Buchenwald, daß es einen ordentlich gruselt. Und hält man mit Geschirr dann noch dort, so ist das Vieh nicht von der Stelle zu bringen, es läßt sich lieber auf dem Flecke totschlagen. Mancher schon, der dort halten mußte, ist nach Hause gelaufen, hat ein Paar frische Ochsen geholt und sie vorgespannt, aber auch die wollten nicht anziehen, so daß er das Vieh abspannte und den Wagen stehen ließ. Am andern Morgen ging's nur so mit zwei Stück Vieh. Sie sagen, es hinge mit dem tollen Jäger zusammen, der dort zur Winterszeit vorüberzieht.«

Die kämpfenden Feuermänner zwischen Gehaus und Oechsen

In der Nähe von Gehaus, im Felde nach Oechsen zu, trieben sich früher zwei ungeheuer große Feuermänner zur Nachtzeit umher, die alles in Schrecken setzten. Einmal hatte dort der Schäfer seinen Pferch aufgeschlagen und erschrak schon gewaltig, als die beiden anmarschierten, denn sie waren ihm so nahe gekommen, daß er ihnen die feurigen Rippen am Leibe zählen konnte. Wie aber die beiden Kerls erst aufeinander zu gingen und so derb aufeinander losschlugen, daß ihnen die feurigen Butzen vom Leibe flogen, und dem Schäfer der Schafhund arg wimmernd zwischen die Beine kroch, da wußte auch er, und er war doch ein fester, seines Leibes keinen Rat. Er machte, daß er nach Oechsen kam, und zeigte die Sache beim dortigen Gerichtsschulzen an. Der nahm am andern Tage noch einige Leute mit, ließ sich den Platz zeigen, regulierte die Grenze und setzte den Stein so, daß er zwischen die beiden Feuermänner zu stehen kam. Seitdem hat man sie nie wieder gesehen.

Von den »Zickelshecken« bei Oechsen

In den von Oechsen nach dem »Lendershofe« zu liegenden »Zickelshecken« steht ein Trupp Tannen links am Wege; aus diesen hört man nachts eine wimmernde Kinderstimme. Mehrere, unter anderen eine vom Lendershof, sahen aus den Tannen ein Faß unter lautem Gepolter quer über den Weg den Berg hinunter rollen und dort verschwinden, woraus dann jene Kinderstimme jedesmal gar kläglich wimmerte.

Von der Schöneburg

Oberhalb des Dorfes Oechsen, an der sattelförmigen Verbindung des Baiers mit der Sachsenburg, über welche die Straße von Dermbach nach Geisa führt, lag auf einem Vorsprunge, dem »Schorn«, das Schloß Schöneburg, dessen Überreste fast gänzlich verschwunden sind. Der alte Ludwig Engel, ein mehr als achtzigjähriger Greis aus Oechsen, gab über die letzten Bewohner dieser Burg folgendes an:

»Meine über achtzig Jahre alte ›Großmotter‹ hat mir oft erzählt, wie sie wieder von ihrer ebenso alten ›Großmotter‹ gehört habe, die Burg sei zu deren Lebzeiten noch von zwei alten Fräulein bewohnt gewesen, die, wenn sie im Walde lustwandeln gingen, jedesmal von einem kleinen, freundlichen weißen Hündchen begleitet wurden. Sie selbst habe ihnen oft als vierzehnjähriges Mädchen Waldbeeren hinaufgetragen und Geld und Essen dafür erhalten. So hätten die Fräulein auch einstmals zu ihr gesagt, sie möchte des andern Tages mit ihrem Spinnrade zu ihnen auf die Burg zu Besuch kommen. Als sie nachmittags nun aus der Schule entlassen und zur Burg gekommen sei, habe sie das sonst immer geschlossene Tor geöffnet gefunden, ebenso die Haustür. Auf ihr wiederholtes Klopfen an der Stubentür habe niemand ›herein‹ gerufen. Als sie darauf so eingetreten, sei die Stube leer gewesen, auch habe sich niemand blicken lassen. Von einer großen Angst befallen, habe sie sich schnell entfernt, und als sie im Vorbeigehen in die Küche geblickt, hätten die Frauen nebst dem Hündchen leblos dagelegen. Später habe es sich herausgestellt, daß die beiden Frauen ermordet und die Burg ausgeraubt worden sei.

Der halb verfallene Keller diente späterhin dem Paulus, dem Räuber am Baier, zum Schlupfwinkel. Die Sage läßt hier noch große Schätze vergraben sein. Eine weiße Jungfer, die alle sieben Jahre dort droben erscheint, hat die Schlüssel dazu und reicht sie demjenigen, der sie erlöst.

Sonst ist die Erscheinung des Fräuleins eine wohltätige für die Armen der Umgebung. Sie hat schon oft kleine lechzende Kinder mit Beeren und sonstigen Früchten erquickt; ebenso schlafenden Hirten, Schnittern und Holzhauern Brot und Wein gebracht.

In dem Jahre 1824, so erzählt der Wirt von Oechsen, kamen drei angebliche Bergleute aus Franken und erkundigten sich nach der Schöneburg. Am andern Morgen besuchten sie den Platz, meinten, ihre Kundschaft stimme nicht mit demselben überein, gruben aber dennoch nach und kamen mehrmals mit gefüllten Säcklein zurück. Einige Tage später mußten sie jedoch wegen der Polizei Reißaus nehmen«.

Die weiße Jungfer auf der Schöneburg und die Bleichmädchen

In Oechsen wachten einmal nachts einige Mädchen auf der Bleiche. Da sahen sie eine weiße Gestalt aus einem Garten treten, die nach der Richtung der Schöneburg zuging. Und da sie glaubten, es sei einer von ihren Bekannten, der das Hemd, um sie zu erschrecken, über der Hose trage, so riefen sie ihm zu: »Heda halt! Komm daher!« Und der Angerufene kam richtig auf sie zu. Als er aber dicht bei ihnen war, da sahen sie zu ihrem Schrecken die weiße Jungfer von der Schöneburg vor sich stehen.

In diesem Augenblick schlug es im Dorfe zwölf, und die Erscheinung verschwand alsbald vor ihren Augen. Das war ein Glück für die Mädchen, denn die weiße Jungfer läßt sich nicht narren.

Die weiße Jungfer auf der Schöneburg

a. »Meine Großmutter«, so erzählte der alte Schmied Heinrich Gebauer von Oechsen, »ging einmal an die Schöneburg in die Eckern. Während sie nun unter einer Buche mit Auflesen beschäftigt war, da regneten auf einmal die Eckern so dicht auf sie herunter, als ob jemand den Baum schüttele, und doch ging kein Lüftchen. Wie nun meine Großmutter sich herumdreht, um zu sehen, was das wäre: Donner und Hagel! da sitzt richtig die weiße Jungfer mit ihrem Spinnwebengesicht und den spitzigen Fingern an der Buche. Meine Großmutter stand erst wie vom Blitz getroffen, griff dann aber hastig nach ihrer Kötze, ließ Eckern Eckern sein und machte, daß sie fortkam«.

b. »Meine Mutter«, begann die Schneiders-Ammergret, »ruhte einmal in der Schneidernte gerade zur Mittagszeit auf unserem Acker, welcher der Schöneburg gerade gegenüber liegt, da gewahrte sie, als sie die Augen aufschlug, dort das verwünschte Fräulein. Es trug ein schneeweißes glitzerndes Kleid und ging auf dem Burgplatz unruhig auf und ab. – Sieben Jahre später hatte sie und noch zwei andere Weiber, die ihr beim Schneiden halfen, in der Mittagsstunde dieselbe Erscheinung. Und merkwürdig! alle sieben Jahre, wenn sich das weiße Fräulein sehen ließ, hatten wir hier eine reiche Kornernte, wie sonst nie.

Vom kleinen Hündchen auf der Schöneburg

In der Nähe des Wallgrabens, der unter der Burg hinläuft, stehen eine Menge Obstbäume; sie gehören der Gemeinde, die das »Riesobst« den armen Leuten überläßt. Hier waren derer nun einmal einige mit Auflesen des gefallenen Obstes beschäftigt, als eins das andere ängstlich anstieß und aller Augen auf ein kleines weißes Hündchen gerichtet waren. Es trug an einem roten Halsbändchen einen Bund Schlüssel und lief, ohne sich umzusehen, geräuschlos dem Burgplatze zu. Alte Leute haben es früher schon oft so gesehen.

Von den Schatzgräbern auf der Schöneburg

Auf der Schöneburg, das weiß dortherum jedermann, liegen noch viele verborgene Schätze, lauter unrecht erworbenes Gut. Es wird von einem bösen Geist bewacht, ist aber zu heben.

Viele haben's versucht, aber jedesmal hatten sie was dabei versehen, oder die Schatzgräber rissen aus. So erging es auch einigen von Gehaus und Oberalba. Die sahen schon den Kessel mit dem Schatze. Da erhob sich ein furchtbarer Sturmwind, und in der Luft zeigten sich allerlei Ungeheuer, und als zuletzt noch der grüne Jäger mit dem Spinnewebengesicht auf dem Platze erschien, da war kein Haltens mehr. Die Schatzgräber warfen ihr Werkzeug beseite und flohen nach rechts und links; an Schlägen aber hat's ihnen dabei auch nicht gefehlt.

Am andern Morgen fanden sie ihr Werkzeug unversehrt am Platze liegen. An der Stelle aber, wo sie gegraben, war alles wie zuvor und bereits wieder Gras darüber gewachsen.

Wie ein Frevler von Oechsen durch die weiße Jungfer von der Schöneburg bestraft wird

In Oechsen waren eines Abends zwei Spinnstuben. Und wie das so auf den Dörfern nun einmal Mode ist, – die jungen Leute foppen sich gern. So geschah's auch da. In der einen Spinnstube wollten sie die in der andern fürchtend machen. Sie rieben daher einem jungen Burschen das Gesicht mit Mehl, schnitzten ihm mächtige Zähne aus Kohlrüben und gaben ihm ein Stück faules Holz in das Maul. So sollte der Bursche nach der andern Spinnstube gehn und zum Fenster hineingucken. Um aber nun vorher nicht bemerkt zu werden, mußte er einen Umweg machen. Doch kaum ist er an dem Gartenzaun angelangt und schickt sich eben an hinüberzusteigen, da erhebt sich auch schon auf der andern Seite des Zauns die weiße Jungfer von der Schöneburg, droht dem Burschen mit der Faust, und da der vom Schreck wie angewurzelt steht, greift sie ihm nach dem Gesicht. Drei Tage darauf war der Bursche eine Leiche.

Die gespenstigen Mäher und der Schatz in der Hopfenau

Einige junge Burschen von Oechsen waren zu Mieswarz zum Johannistanz. Darüber war es später geworden, als sie sich auf den Heimweg machten. Wie sie nun an den Wiesen in der Hopfenau und dem Hundswinkel anlangten, sahen sie auf einmal dort zwei Mäher stehen, die gerade ihre Sensen wetzten. Sie blieben stehen und sahen den beiden eine Weile zu. So etwas hatten sie noch nicht gesehen. Die Funken flogen so groß wie die welschen Nüsse von den Sensen. Die Burschen sahen sich an und wollten sich eben ganz still vorbeidrükken, denn durch die Hopfenau gehen sie um diese Stunde nicht für vieles Geld, da stieß einer den andern an und deutete nach einer der Hecken, unter der ein schneeweißes Tuch ausgebreitet lag. Es hatte aber keiner den Mut, es aufzuheben. Sie machten, daß sie hurtig vorbeikamen. An der Brücke über die Marbach sahen sie wieder zwei auf sich zukommen; sie trugen Haue und Schaufel; es waren bekannte Leute von Dermbach. Die Oechsener wünschten guten Abend und wollten ihnen erzählen, was sie so eben gesehen. Die Dermbacher aber dankten ihnen nicht und gingen still vorüber.

Kaum aber hatten diese die Brücke hinter ihrem Rücken, so schlug die Turmuhr zwölf in Oechsen. Fluchend kehrten da die beiden wieder um und erzählten drauf den Oechsenern, daß sie in der Hopfenau einen reichen Schatz unter einer Hecke hätten heben wollen, der sich dort alle sieben Jahre in der Johannisnacht zeige, wären aber leider zu spät gekommen, denn mit dem Glockenschlag zwölf versinke er jedesmal wieder sieben Klafter tief in die Erde.

Woher der Name »Wölferbütt« stammt

Nahe bei Völkershausen am Abhange des Dietrichsbergs liegt das Dorf Wölferbütt; von dem heißt es: Zur Zeit, als nur erst einige Bauern sich dort angesiedelt hatten, erschien regelmäßig zur Winterszeit ein hungriger Wolf, der den dortigen Ansiedlern großen Schaden brachte. Die Bauern, der Räuberei dieses Gastes längst müde, überwanden endlich auch die persönliche Furcht vor demselben, kreisten

Die Dorflinde von Wölferbütt

ihn in einem der Höfe ein und töteten ihn in einer umgestürzten Wasserbutte, in die der Räuber geschlüpft war. Da der Ort bis zu jenem Ereignisse noch keinen Namen hatte, so wurde er von dem Wolfe in der Butte »Wölferbütt« genannt.

Das »wüteninge« Heer und der wilde Jäger bei Deicheroda

»Mein seliger Großvater«, so erzählt der Schäfer von Deicheroda, »hatte einmal den Pferch droben in der Nähe des Dietrichsberges aufgeschlagen, da kam das ›wüteninge‹ Heer vom Geisaer Wald her und zog an ihm vorüber hinauf nach dem Dietrichsberg. Es waren ihrer zweiundvierzig, fast alle zu Fuß, voran ein stolzer Jagdkavalier mit Schlapphut und hohen Reiterstiefeln. Nach diesem kamen noch einige vornehme Herren, dann wurden sie immer geringer, Männer und Weibsbilder. Einige ritten auch auf Ziegenböcken und Kückelhähnen, auch waren welche dabei, die in einer Metze mitrutschten, andern war der Leib aufgeschlitzt und die schleppten ihre Gedärme hinter sich drein. Nach einem solchen Umzuge aber hat es jedesmal gesegnete Jahre gegeben. – Auch den wilden Jäger haben wir hier oft nach dem Dietrichsberg ziehen hören. Der ritt mit seiner Sippschaft hoch über einem in der Luft dahin. Man hörte ganz deutlich das Wiehern der Pferde, das Bellen der Hunde und das Hallo-Geschrei der Jäger«.

Die weißen Frauen in Deicheroda

»Weiße Frauen haben wir auch hier«, erzählte noch der alte Schäfer. »Eine derselben lehnt oft an einer Gartentüre unterhalb Deicheroda; sie hat den Kopf auf die Hand gestützt und guckt traurig vor sich nieder. Weiter unten auf einer Wiese lassen sich ihrer zuweilen drei auf einmal sehen.

Es ist noch gar nicht so lange her, da ging ein Bauer von hier in der Frühe zum Mähen nach seiner Wiese. Als er näher kam, sah er dort eine Gestalt, die schneeweiße Wäsche angetan hatte. Der Bauer dachte, es sei der Schäfer und schämte sich fast, daß er gegen diesen ein so schmutziges Hemd anhabe. Bald aber stand eine der weißen Jungfern vor ihm, die ihn eine Zeitlang ansah und dann verschwand.«

Von dem Wechselbalg bei Völkershausen

Zu Völkershausen waren ihrer etliche am Kornschneiden in der Nähe des Waldes. Da legte eine ihr schlafendes Kind an eine sogenannte »Abwand«. Darauf kamen die Erdgeister, nahmen das Kind weg und legten dafür einen Wechselbalg hin, der sofort zu schreien begann. Die Schnitterin horchte auf, warf die Sichel beiseite und war schon auf dem Sprung, als sie ihr Nebenmann noch zeitig genug am Rocke erwischte und mit den Worten zurückhielt: »Donnerwetter, hörst du denn nicht, wer schreit? Laß den Balg sich nur ausschreien. Wenn die Erdgeister des Schreiens überdrüssig sind, tauschen sie ihn von selbst wieder um. Wer wird aber auch sein Kind an eine Abwand legen? Mitten auf dem Acker konnten die Erdgeister dem Kinde nicht beikommen«. Der Wechselbalg schrie aber noch lange, und je länger, je ärger. Als er endlich schwieg, sagte der Schnitter: »So, nun mach', daß du hinkommst«. Und wer war nun glücklicher, als die geängstigte Mutter, als sie ihr liebes Kind noch schlafend an der Abwand erblickte.

Vom Grundsteg bei Völkershausen

Bei Völkershausen geht eine kleine Brücke über die Oechse, der Grundsteg. Hier ist's des Nachts nicht geheuer. Man hört dort häufig ein Niesen. Mancher, der stehen blieb, hat Ohrfeigen bekommen.

Ein Völkershäuser Jude, der auch nachts über den Steg mußte und das Niesen hörte, fragte keck: »Nu, was hast de da ze pfnische?« Das aber bekam ihm übel. Denn kaum hatte er das gesagt, so saß ihm auch schon der »Hockauf« auf dem Buckel. Der Jude mußte ihn bis vor seine Haustür tragen. Unter Zittern und Zagen rief er seiner Frau: »Mach' auf, ich trag' den Teufel auf dem Rücken!« Seine Frau öffnete, und der Teufel sprang ab.

Von der gesühnten und ungesühnten Schuld

In Völkershausen lebte vor Zeiten ein Amtmann, der hatte sein Dienstmädchen lieber, als es recht war. Als sie nun niedergekommen, tötete sie ihr Kind und vergrub es unter einer Steinplatte in dem sogenannten Milchkeller. Die Hebamme hatte aber Wind davon und zeigte die Sache an. Die Kindesmörderin wurde eingesperrt und gestand ihr Verbrechen.

Um dieselbe Zeit hatte ein Dorndorfer Junge den Hirten von Martinroda im Jähzorn totgeschlagen, er hatte bei ihm gedient und jener ihn arg mißhandelt; auch dieser wurde eingesperrt und dann wie die erste zum Tode verurteilt, und zwar so, daß beide auf dem sogenannten Richtplatze bei Völkershausen durch das Schwert gleichzeitig enthauptet werden sollten.

Der Hirtenjunge hatte seine Tat bereut und hoffte auf einen gnädigen Richter im Jenseits; die Köchin jedoch war fröhlich und guter Dinge, klapperte während des Galgenmahles mutwillig mit ihren gestickten Pantoffeln und foppte sogar noch den Hirtenjungen, der nichts genießen wollte. – Der Amtmann hatte ihr ja heilig und teuer versprochen, daß es mit ihr nicht zur Hinrichtung kommen sollte, er würde sie vorher retten.

Es kam aber anders. Sie wurden beide hingerichtet und der Amtmann sah vom Dietrichsberge aus durch ein Fernrohr den Kopf der Buhlerin fallen.

Abends umflatterte lange eine weiße Taube die elterliche Wohnung des Hirtenjungen von Dorndorf; das Dienstmädchen aber und der Amtmann haben bis heutigen Tages keine Ruhe. In der Stube, wo jene das Kind bekommen, gibt's Ohrfeigen von unsichtbarer Hand und sonstigen Spuk; im Milchkeller hört man dann und wann das Wimmern eines kleinen Kindes und am Dietrichsberg steht nachts eine schwarze Gestalt, zielt mit dem Fernrohr nach dem Richtplatz und seufzt gar arg.

Vom Oechsenberge

Westlich vom Baier, nur in geringer Entfernung von diesem majestätischen Kegel, tragen noch zwei andere fast nicht minder hohe, von der Sachsenburg auslaufende Berge ihre umlaubten Basaltkronen zwischen der Felda und der Ulster. Es sind dies der vorerwähnte Dietrichsberg und der Oechsenberg, von denen der letztere bei dem Städtchen Vacha in dem Werratale fußt und mit seinem etwas höheren breitgeschulterten Nachbarn nach Süden hin durch einen tiefen kurzen Sattel, vor dem sich wieder ein kleiner Kegel, das Hahnköpfchen, erhebt, verbunden ist. Von dem Kulm des Oechsen- oder Ochsenberges, auf dem einst ein befestigtes römisches Lager gestanden haben soll, genießt man eine der herrlichsten Nah- und Fernsichten.

Die Sage erzählt, daß späterhin dort droben auch eine Ritterburg stand, deren Insassen sich jedoch durch allerlei Laster: Raub, Plünderung usw. auszeichneten und große Schätze in ihren Kellern aufhäuften. Dafür wurden sie verdammt, den Berg, wo ihr ungerechtes Gut bis auf den heutigen Tag noch ruhen soll, als Irrlichter so lange zu umschwärmen, bis jenes von einem Sündenfreien gehoben werde.

Eine andere Sage geht von dem Oechsenberge, daß vor langen Jahren einmal Venediger Bergleute so tief in denselben eingedrungen wären, daß sie bis an die mächtigen Goldstangen, die in dem Berge wie die Wellen von Mühlrädern aufgeschichtet lagerten, gekommen seien. Hier jedoch hätten die Geister des Berges die gewaltigen inneren Gewässer gegen sie losgelassen, und so hätten sie unverrichteter Sache wieder umkehren müssen.

Der »Keller« des verschwundenen Schlosses am Oechsenberge

Unweit der Kuppe des Oechsenberges, in der Nähe des Hofes Poppenberg, wird eine Stelle an dem sich von Völkershausen hinauf windenden Fahrwege »im Keller« genannt. Sie ist durch mächtige Trümmer sechs- und achtkantiger Basaltsäulen, die sich von der Felswand losgerissen, bezeichnet. Hier soll einst ein Schloß gestanden haben.

In der Mitte des vorigen Jahrhunderts, so wird erzählt, hütete einmal der Schloßschäfer von Völkershausen seine Herde auf einer südwestlich gelegenen Waldwiese, welche von einer entsprudelnden Quelle, »Jungfernborn«, »die Jungfer« genannt wird. Es war ein heißer Mittag, und der Schäfer ging zum Born, um zu trinken. Da erblickte er in der Nähe eine schöne goldgelbe Blume, wie er noch keine gesehen, pflückte sie, steckte sie an seinen Hut und legte sich über die Quelle. Als er sich wieder erhob, sah er zu seinem Schrecken dicht neben sich eine gar prächtige, weißgekleidete Jungfrau, die ihren Krug jetzt ebenfalls an dem reichen Quell füllte.

Wie sie damit fertig war, wandte sie sich mit freundlichem Lächeln an den Schäfer und sprach: »Komm und folge mir!« Und da die Herde sich gerade gelagert hatte, so folgte der Schäfer der freundlichen Erscheinung auf dem nach der Kuppe führenden Eselspfade bis an jene Stelle, die »im Keller« genannt wird, wo er zu seinem Erstaunen eine noch nie gesehene und von einem großen schwarzen Hund bewachte Tür vor sich sieht. Auf Geheiß der Jungfrau hält der Schäfer die Blume an das Schloß, die Tür springt auf, und bald folgt er der Führerin in das Innere des Gewölbes. Hier erblickt er eine Menge teils aufgeschlagener, teils aufrechtstehender, noch fest verspundeter Fässer.

Gedankenlos legt er die Blume auf eins der ersteren, die mit allerlei Feldfrüchten von noch nie gesehener Größe und außerordentlichem Glanze angefüllt sind. Hierauf steckt er von jeder Sorte eine Handvoll zum Wahrzeichen für seine Nachbarn ein und wendet sich dann zum Fortgehen. Da vernimmt er von der seinen Augen entschwundenen Jungfrau noch die Worte: »Schäfer, vergiß das Beste nicht!«

Der aber denkt nicht an die Blume, eilt aus dem Gewölbe, dessen Tür ihm hinter der Ferse zuschlägt, und springt, von dem schwarzen Hunde verfolgt, Hals über Kopf nach seiner Herde zu, wo er bald, leider aber ohne das eingesteckte Wahrzeichen, ankam, denn die Körner waren ihm nach und nach aus den durchlöcherten Taschen gerieselt.

Einige waren ihm in die Schuhe gefallen, und da sie ihn drückten, sah er nach, und siehe: es war das eitel Gold. Später ist der Schäfer noch oft nach dem Born und nach dem »Keller« gegangen, hat aber weder die Jungfer noch die Türe wieder gefunden.

In jenen verspundeten Fässern aber soll der köstliche Wein enthalten sein, der am Ende der Welt den aus den Gräbern Auferstandenen beim großen Abendmahl gereicht werden soll.

Spuk am Oechsenberge

Der »Sünner Kurt« wurde einmal von seinem Bruder auf dem Luttershof zum Schlachtkraut eingeladen und machte sich gegen Abend über den Oechsenberg dorthin auf den Weg. Als er zum Hans-Möllers-Born kam, fiel er in einen Graben. Da fluchte er ganz martialisch und im Augenblick bekam er so derbe Ohrfeigen, daß er nicht wußte, wo ihm der Kopf stand. »Wart', das wöll ich dei schun intränk!« rief er, raffte sich auf und lief einer Laterne nach, die er jetzt dicht vor sich erblickte. So mochte er sie lange verfolgt haben, auf einmal war sie verschwunden. Mutterseelenallein stand er nun in finsterer Nacht da und wußte nicht, wo er war. Als der Tag aber zu grauen begann, sah er sich wieder jenseits hoch oben auf der Spitze des Ulsterberges.

Die weiße Jungfer am Oechsenberge

Die weiße Jungfer vom Oechsenberg, die oft an der alten dicken Linde am Ebenweg im Walde ruhte, ehe sie wieder nach der Stelle des ehemaligen Schlosses zurückging, kam lange Zeit regelmäßig abends nach dem Hofe Poppenberg und setzte sich dort in der Pächterswohnung auf den Ofenstein. Die Leute hatten sich nach und nach an sie gewöhnt und ließen sie ruhig gehen. Da wurde die Pächterin schwanger, und als sie niederkam, verlor die weiße Frau ihr stilles Wesen und zeigte sich überall gar rührig, trug das Kleine, wenn es weinte, und schlummerte es ein.

Am neunten Tage beugte sie sich über das Bett und bat die Frau um Erlaubnis, das Kleine dreimal küssen zu dürfen, sie würde dadurch erlöst, die Pächterin aber und das Kind glücklich werden. Die Mutter gab ihr die Erlaubnis, und als darauf die weiße Jungfer das

Kind dreimal geküßt hatte, sagte sie noch der Frau, sie möchte ihr mit dem Kleinen nach dem Keller folgen. Dort aber sprach sie, sie wollte ihr jetzt einen reichen Schatz überliefern, da möge sie ihr vorher noch versprechen, das Getreide stets ordentlich zu messen und nicht zu streichen und auch sonst gegen die Armen wohltätig zu sein. Hierauf verschwand die weiße Frau auf immer, an der Stelle aber, wo sie gestanden, stieg ein reicher Geldschatz in einem Kessel aus dem Boden. – Die Leute waren nun reich und glücklich, als sie aber ihr Gelübde vergaßen, verließ das Glück sie wieder.

Ein Schäfer von Völkershausen wußte den Schluß der Sage so: Als die weiße Frau das Kind dreimal geküßt, sagte sie der Mutter: »Noch bin ich nicht erlöst; komme aber mit deinem Kinde nach Jahresfrist in den ›Keller‹; dort werde ich dir als eine häßliche Schlange wieder erscheinen, fürchte dich aber nicht und vertraue mir ganz. Lasse das Kind mit seinem Händchen mich dreimal auf den Kopf schlagen und wir sind alle glücklich«.

Die Frau gelobte es und ging ein Jahr darauf mit dem Kinde auf dem Arm auch richtig in den »Keller«. Hier sah sie die Schlange, und da sie fest auf das Wort der weißen Frau baute, so erfüllte sie, wenn auch mit innerem Grauen, deren Wunsch.

Nach dem dritten Schlage ringelte sich die Schlange einigemal krampfhaft zusammen, und plötzlich sah die Pächterin statt des häßlichen Gewürms die weiße Frau wieder vor sich stehen, die, nachdem sie ihr liebevoll gedankt, alsbald wieder verschwand. Da aber, wo sie gestanden, erhob sich ein mächtiger Geldkessel aus dem Boden.

Vom alten »Keller« am Oechsenberge

Ein andermal hütete auch ein Schäfer aus Völkershausen am Fuße des Oechsenberges. Da sah er viele Flämmchen und Irrlichter in den Oechsenberg verschwinden und hatte so seine eigenen Gedanken darüber.

Von einem alten Manne erfuhr er nun anderen Tags, daß dies noch die Geister der erschlagenen Ritter und Knappen der dort in grauer Vorzeit zerstörten Burg seien, die jedesmal am Allerseelen- und Allerheiligen-Tage ihren Jahrestag bei den von ihnen vergrabenen Schätzen feierten, und daß zu dieser Zeit auch die alten Gewölbe dort droben aufgingen, aus denen ein mutiger Kerl, der sich um den Kuckuck und sein Gelichter nicht kümmere, sich auf Lebzeiten genug holen könnte.

Das ließ sich der junge kräftige Schäfer nicht zweimal sagen, und als er am Abend des Allerseelentags seine Schafe am Hans-Möllers-Born in die Hürden gebracht hatte und die Flämmchen sich in ungewöhnlicher Zahl wieder zeigten und auch der Wald gar schaurig dazu rauschte, machte er sich mit seinem Hunde frisch den Berg hinauf, erreichte glücklich den einen der sogenannten Eselspfade, der gerade nach dem »Keller« führt, und stieg auf diesem unbekümmert um das schaurige Eulengeschrei, das ihn verfolgte, immer höher hinauf. An der Mitte des Berges jedoch springt der Schäfer erschrocken bei Seite. Ein mächtiger schwarzer Bullenbeißer mit feurigen Augen packt seinen treuen Hund, und beide stürzen unter schrecklichem Geheul den Berg hinunter. Der Schäfer aber denkt nur an die Schätze im Keller und geht vorwärts. Da winkt ihm von der Seite her ein kleines, graues Männchen freundlich zu. Er aber läßt sich nicht vom Wege verlocken und geht festen Schrittes unbekümmert weiter. Jetzt vertritt ihm der Kleine drohend den Weg; der Schäfer schlägt das Kreuz und murmelt: »Alle guten Geister loben Gott den Herrn«. Das Männchen weicht von ihm.

So gelangte er endlich an den »Keller«. Hier aber versucht eine Schar geharnischter Ritter, mit blanken Schwertern und Lanzen, ihm den Zutritt zu verwehren. – Der Schäfer aber kehrt sich an nichts, schreitet mutig durch die Geharnischten hindurch und gelangt in den offen stehenden »Keller«, der nur von einigen schwachen Flämmchen matt erleuchtet ist. Aus der Tiefe schallt ihm jetzt ein unheimliches Gelächter entgegen. Er sieht sich überall um, doch nirgends eine Spur von den ersehnten Schätzen. Vermoderte Bretter nur krachen unter seinem Tritt. Einen Augenblick schwankt der Schäfer, aber die Schätze ziehen ihn vorwärts. Durch einen langen, dunklen Gang gelangt er endlich zu einer lichten Flamme, bei deren Schein er in einer Kufe etwas blinken sieht. Es sind goldgelbe Erbsen. Jetzt beginnt es ihm endlich doch zu gruseln. – Um aber doch nicht leer abzuziehen, füllt er seinen Brotbeutel mit diesen Erbsen und tritt den mühsamen Rückweg wieder an. Da ihm jedoch der Beutel, der immer schwerer wurde, lästig zu werden beginnt, schüttet er den eben gesackten Inhalt wieder aus und dankt Gott, als er das Freie und endlich auch seine Schafhütte wieder erreicht hat. Am andern Morgen drückt es ihm in den Schuhen. Er glaubt, daß er Steinchen darin habe, zieht sie aus und entdeckt zu seiner Freude einige Goldstücke darin.

Wie der Wind eilte er jetzt zum zweitenmal nach dem alten Keller, um das dort ausgeschüttete Gold wieder aufzuraffen. Doch die Türe war verschüttet, und alles wie vorher. Die Flämmchen zeigen sich noch jährlich, das nächtliche Rauschen des Waldes fährt fort, aber keinem ist es von da an vergönnt gewesen, das Innere des geöffneten Berges zu betreten.

Vom bösen Ritter am Dietrichsberge

Am Dietrichsberg, so wird in Völkershausen erzählt, da hat auch einmal ein prächtiges Schloß gestanden, in welchem ein gar unmenschlich reicher und mächtiger Ritter wohnte.

Der hatte sich schon vielmal verheiratet, seine Gemahlinnen aber waren alle nach kurzer Zeit wieder gestorben, so daß man über den Ritter in der Gegend allerlei Unheimliches munkelte. Allein ein so vornehmer und reicher Herr kriegte immer eher wieder zehn Weiber, als unser einer eine einzige. Und so kam es denn, daß er sich auch einmal um die bildschöne, älteste Tochter eines reichen Müllers drunten an der Werra bewarb und sie auch bald darauf als seine Gemahlin auf das Schloß führte, wo dann gar große Feste gegeben wurden.

So ging es nun eine Zeitlang ganz gut, da trat eines Morgens der Ritter zu seiner Frau, überreichte ihr die Schlüssel zu sämtlichen Gemächern des geräumigen Schlosses und sprach: »Liebe Gemahlin, da ich auf einige Zeit mich von dir entfernen muß, so übergebe ich dir hiermit die Schlüssel zu den Gemächern, schalte nun darin ganz nach deinem Willen; nur um eins bitte ich dich, gelobe mir bei unserer Liebe, das eine Zimmer, zu dem dieser kleine Schlüssel paßt, in meiner Abwesenheit nicht zu betreten; es würde sonst ein großes Unglück über dich und mich kommen.« Als darauf die Frau ihm das gelobt

Romantische Mühle an der Werra

hatte, überreichte er ihr noch ein prächtiges goldenes Ei und sagte ihr dabei, daß sie dies ja gut bewahren möchte; würde er bei seiner Zurückkunft nur einen Flecken daran finden, so würde ihm dies ein

Zeichen sein, daß sie das verbotene Zimmer betreten habe, und alsdann würde das Unglück unfehlbar über sie hereinbrechen.

Die Frau gelobte nochmals, gehorsam zu sein, und so reiste der Ritter ab. Doch kaum war der aus dem Gesichte der Frau verschwunden, so überkam sie eine solche Neugierde, daß sie sich nicht länger zu halten vermochte und sofort nach dem Orte des Verbots eilte. Als sie diesen erreichte, fand sie dort einen Schwan an einem seidenen Faden als Wächter angebunden, der sie nochmals warnte, das Zimmer zu betreten, denn es würde das eigene Leben und Blut kosten, wenn sie die Schwelle überschritte. Aber die Neugierde hatte der Frau den Kopf verrückt, und bald stand sie, aber entsetzt und totenbleich, in dem schauerlichen Gemach. Vor ihr stand ein großer Kessel mit Menschenblut und neben diesem eine Tafel, auf der die blutigen Köpfe der sämtlichen Frauen des Ritters aufgestellt waren. In ihrer Angst hatte sie das goldene Ei fallen lassen. Sie raffte es auf und stürzte halbtot nach ihrem Gemach, und hier erst bemerkte sie zu ihrem neuen Schrecken die blutigen Flecken an dem Ei. Alle Versuche, die Blutspuren wegzuwischen, waren vergebens.

So sah sie mit Angst der Ankunft ihres Eheherrn entgegen. Und der kam bald genug. Seine erste Frage war nach dem goldenen Ei, und als er die Blutspuren daran sah, geriet er in furchtbare Wut, faßte seine Gemahlin an ihrem schönen Haar, schleifte sie nach jenem Schreckenszimmer, schlug ihr an dem Becken den Kopf ab, stellte den auf die Tafel zu den andern und ließ dann den Körper aufs feierlichste beerdigen. – Es dauerte aber nicht lange, so hatte er sich auch die zweite Schwester aus der Mühle geholt und der ging es nicht besser als der ersten.

Nun kam die Reihe an die jüngste. Die war bei ebenso großer Neugierde pfiffiger als die andern, band das goldene Ei in ihr feines Sacktüchlein und befestigte dieses wieder an ihrem Gürtel, bevor sie das verbotene Zimmer betrat. Ihr Schrecken war ebenso groß, als der der beiden andern. Sie aber verlor die Besinnung nicht, griff nach den Köpfen der Schwestern, steckte diese in einen Sack und verbarg sie sorgfältig in dem Kasten ihrer prächtigen Kutsche, und als ihr Gemahl zurückkam und über das fleckenlose Ei große Freude äußerte und sie über die Maßen lobte, ließ sie sich nichts merken und bat ihn nun auch bei seiner Liebe, sie auf einem Besuch in der Mühle ihres

Vaters zu begleiten. Der Ritter willigte sofort in ihr Begehr. Als sie nun dort angekommen, erzählte sie ihrem Vater heimlich alles, was geschehen und zeigte ihm zum Wahrzeichen die beiden Köpfe ihrer Schwestern.

Der Müller geriet in furchtbare Wut und wagte den schrecklichen Kampf mit dem Ritter, der sich zuletzt mit genauer Not auf sein Schloß flüchtete. Dort stürzte er sofort nach dem Schreckenszimmer, um nachzusehen, ob seine Gemahlin auch wirklich die beiden Köpfe weggenommen. Hier aber stellte sich ihm der Schwan entgegen, und der Ritter hatte nun einen Kampf mit diesem zu bestehen, in welchem der Schwan immer größer und stärker wurde, so daß der Ritter endlich unterlag. Da packte ihn der Schwan mit seinem Schnabel, schleifte ihn in das Zimmer und erstickte ihn in dem Blute seiner Frauen. Das Schloß aber wurde verflucht und verschwand vom Erdboden.

Vom Leck – – -Gärtchen am Dietrichsberge

Am Dietrichsberg wird eine eben nicht gartenartige Stelle im Walde das »Leck – – -Gärtche« genannt. Dorthin hat ein Jesuit den bösen Geist des »hämiger« (hämbacher) Pächters in einem Sack getragen und gebannt. Der erste Jesuit, der ihn einfangen und bannen wollte, vermochte es nicht, weil ihm der Geist alle seine Sünden vorwarf. Da wurde ein zweiter gerufen, der war rein und so frei von Schuld, daß er noch kein Fädchen zerzuckt hatte, dem gelang es, ihn in den Sack zu bringen. Da aber der Geist arg zappelte und immer schwerer wurde, so beging jener die Unvorsichtigkeit, bei Gehaus den Sack einmal niederzusetzen.

Durch die Berührung mit der Erde bekam der Geist seine frühere ganze Kraft wieder, begann auf das schrecklichste zu arbeiten und machte auch diesem Jesuiten gar arge Vorwürfe, es half ihm aber nichts, er mußte hinauf an den Dietrichsberg. Dort haben ihn viele gesehen, und erst vor ein paar Jahren schimpfte und zankte er einige Völkershäuser Weiber aus, die dort schwarze Beeren suchten, sprang auf sie zu und schrie: »Latt me mi Beer, latt me mi Beer!«

Allein geht dort niemand mehr hin, denn außer dem bösen Geist des Pächters läßt sich noch ein grüner Jäger mit Spinnewebengesicht sehen.

Von dem Werwolf zu Stadtlengsfeld

Zu Lengsfeld lebte vor Zeiten eine alte Frau, die sich mittels eines Gürtels von Menschenhaut in einen Wolf verwandeln konnte und dann den Schafherden großen Schaden zufügte. So hütete eines Tages ein Lengsfelder Schäfer hinter der Ölmühle; da kam auch die Frau an, grüßte und verschwand dann bald darauf dem Schäfer aus dem Gesicht. Aber es währte nicht lange, so brach auch von dort her, wo die Hexe hingegangen, ein gieriger Wolf in die Herde ein, und nur mit der größten Anstrengung gelang es dem Schäfer und den zur Hilfe herbeigerufenen Männern, den Werwolf wieder zu vertreiben.

Der Schäfer zeigte noch selbigen Tages den Vorfall bei Gericht an, worauf die Frau auch sofort eingesperrt und ihr der Prozeß gemacht wurde.

Die fliegenden Knaben in Lengsfeld

»An dem nach Dietlas sich hinziehenden Ausläufer des Baier«, so erzählt der dreiundachtzigjährige Häusler Hermann von der Aue auf Hohenwart, »weideten an einem schönen Herbstabend auf einer Waldblöße bei der Wüstung Waldsachsen drei Knaben aus Lengsfeld ihre kleine Rinderherde. Als die Sonne nur noch den hohen Gipfel des Baier beleuchtete, gedachten die Knaben, ein Feuer anzuzünden, und stachen zu diesem Zwecke den Rasen aus. Bei dieser Gelegenheit äußerte einer der Knaben: ›Ach, wenn wir doch nur ein solches Stück Eisenkuchen hätten, wie die Rasen da‹.

Kaum war der Wunsch ausgesprochen, so trat ein fremder Mann zu den Knaben und sprach: ›Ihr habt Eisenkuchen gewollt, da habt ihr ihn!‹ und gierig griffen die Kinder zu und verzehrten die leckere

Gabe mit Wohlbehagen. Als der Fremde das sah, erbot er sich, ihnen jeden Abend solchen Eisenkuchen zu bringen, wenn sie ihm nur jedesmal den Hutplatz für den andern Tag sagten.

Die Kinder taten das gerne, und der Unbekannte erschien auch am nächsten Abend und brachte ihnen wieder Kuchen, worauf er wie tags zuvor in dem nahen Gebüsch verschwand. Kaum hatten sie den Kuchen verzehrt, so trat eine alte Frau aus Lengsfeld, die in der Nähe dort in der Erde gekrabbelt hatte, zu ihnen und versprach, sie allerlei Kunststückchen zu lehren, wenn sie ihr nur bis zu dem unter der »Liete« im Tal gelegenen Brunnen folgen wollten. Sie taten es, und die Alte taufte sie mit dem Wasser des Borns, während sie eine Reihe unverständlicher Worte dazu murmelte und ihnen darauf erklärte, daß sie von nun an allerlei Ungeziefer machen könnten.

Lachend kehrten die Kleinen zu ihrer Herde zurück und trieben sie nach Hause. Am andern Morgen, als sich die Knaben auf dem Schulwege begegneten, sagte der eine: »Hört, ich fühle mich so federleicht, daß ich meine, ich müßte fliegen können, als wie ein Vogel!« »Ich auch, ich auch!« riefen die beiden andern, und alsbald hoben alle drei die Arme empor und flogen auf der kleinen runden Mauer, die ehedem den Marktplatz von Lengsfeld umzog, hin und her. Auch in der Schule bewährten sie noch vor Ankunft des Lehrers ihre Kunst und machten auf Ersuchen ihrer Kameraden die ganze Schulstube voll Mäuse. Und als der Kantor, der bereits von dem Fliegen unterrichtet worden war, eintrat und die Knaben aufforderte, das Kunststück noch einmal zu wiederholen, flatterten sie auf und schwebten auf und nieder, von einer Tafel zur andern.

Der erschrockene Kantor holt sofort den Oberpfarrer herbei, der sich denn auch von dem Vorgefallenen mit eignen Augen überzeugt und die Knaben zur Rede setzt. Diese beichten arglos und offen den ganzen Hergang und teilen dem geistlichen Herrn auch noch mit, daß sie am vorigen Abend sich zu dritt auf den in ihres Nachbars Scheune stehenden Schimmel gesetzt hätten; das Pferd hätte sich alsbald losgerissen und wäre gegen ihren Willen mit ihnen auf und davon getrabt und hätte sie zuletzt an einen Ort gebracht, wo es ihnen gar gut gefallen; und nachdem sie mit dem Schimmel wieder nach Hause gekommen wären, hätten sie sich so leicht gefühlt.

Der Geistliche, welcher Satans Hand vermutete, frug die Knaben weiter, ob sie auch Ungeziefer machen könnten. Sie bejahen es, und im Nu wimmelte das Kleid des Oberpfarrers von Läusen. Voll Entsetzen eilte der Herr zum Richter und meldete den Vorfall.

Mittlerweile waren die Knaben nach Hause gekommen, um den Ihrigen das Wunder, von dem dieselben bereits gehört hatten, zu bestätigen. Als aber Georg Friedrich, des Scharfrichters Michel Webers Sohn, diesem die Sache mitteilte, entsetzte sich derselbe so sehr, daß er sein Richtschwert ergriff und dem Teufelsbündner den Kopf abschlug. Darauf grub er seinem Kinde ein tiefes Grab in dem Stalle und bedeckte es mit schweren Steinen.

Die beiden andern Knaben, als sie solches vernahmen, flogen auf und davon, und niemand hat je wieder von ihnen gehört. – Jener Brunnen aber unter der »Liete« heißt bis auf den heutigen Tag der »Hexenbrunnen«.

Vom gottlosen Pächter auf Hämbach

Eine gute Stunde westlich von Salzungen, an der Straße nach Lengsfeld, liegt das Gut Hämbach, welches die Gräfin Abalrada von Banz dem heiligen Bonifatius geschenkt haben soll. Viele sprechen auch von einem Kloster, das dort gestanden. Ein Hügel im Garten wird noch als der Platz der Kapelle oder Kirche bezeichnet, von dem allerlei Unheimliches, wie die Erscheinung einer weißen Frau, eines Hundes mit großen, feurigen Telleraugen, eines Lichtes usw. erzählt wird.

Hier lebte auch vor Jahren ein Pächter, der ein gottvergessenes Leben führte und sich zuletzt auch noch dem Bösen verschrieb. Der erschien plötzlich, als er seine gottlose Seele ausgehaucht hatte, im Fenster des Hauses und verhöhnte durch allerlei Fratzenschneiden das um seinen Sarg im Hofe versammelte Geleite. Auch hatten die Leute im Hofe fortan keine Ruhe mehr vor seinem Gepolter und sonstigem Spuk. Sie ließen ihn daher durch einen Jesuiten in einen ledernen Sack einfangen und auf den über dem Gute liegenden Lindenberg tragen. Von dort droben kann er nun nicht wieder fort. Viele aber haben ihn als kleines graues Männchen da gesehen, wie er bald aus einem Busche, bald von einem Baume herab Gesichter schnitt.

Vom »Hundskopf«

Ungefähr in der Mitte des Weges von Weilar nach Lengsfeld, wo ihn die Fischbach durchkreuzt, tritt am Fuße des Baiers ein kleiner bewaldeter Vorsprung auf, der »Hundskopf« genannt.

Eines Abends sehr spät zur Herbstzeit begegnete die alte Mädern dem Kreiser von Weilar. Sie erzählte ihm, daß sie zum Tode erschrocken sei, denn vor wenigen Minuten wären ihr vier Schimmel ohne Reiter begegnet und zum Hundskopf hineingetrabt, auch wären in demselben Augenblick eine große Zahl Raben dort herausgeflogen. Der Kreiser, der auch schon viel davon gehört hatte, machte nun lange Beine, um womöglich vor der Mitternachtsstunde an dem Kopf vorüberzukommen, und sah auch richtig noch die Raben, den Hufschlag der Schimmel hörte er aber nur noch im Innern des Berges dröhnen.

Die weiße Frau »im Brettenbach« bei Weilar

Von Weilar nach der »hohen Warte« zu liegen noch einige Teiche in dem Grunde vor dem Walde. Man heißt es da: »Im Brettenbach«. Dort, sagt man, stand vorzeiten ein mächtiger Turm. Eine weiße Jungfrau erscheint jetzt noch alle sieben Jahre an jener Stelle und bewacht einen brennenden Schatz. Es haben sie schon viele dort gesehen und hätte nur einer den Mut gehabt, den Schuh oder einen Strumpf vom rechten Bein auszuziehen und über den Schatz wegzuwerfen, so wäre er unmenschlich reich geworden und die Jungfer erlöst.

Dicht am Walde steht noch eine mächtige Buche, unter der die Zigeuner, die sich dort viel umhertrieben, ihren beständigen Lagerplatz hatten. Sie wird daher die »Zigeunerbuche« genannt.

Von der Hexe zu Weilar

»Ich zum Exempel«, so erzählte die alte Marie vom Baiershofe, »glaube an derartiges nicht gern; was einem aber brave und rechtschaffene Leute erzählen, das muß man ja doch glauben, und so einer war nun der verstorbene Polizeidiener drunten in Weilar. Der war auch einmal gerade um diese Zeit hier oben auf dem Baiershofe und brachte uns die Uhr in die Richt. Bei dieser Gelegenheit erzählte er, daß er in der ›Walpersnacht‹ (Walpurgisnacht) auf dem Kreuzweg hinter seinem Hause einen martialischen Lärm gehört habe, der bald darauf in ein gar klägliches Gewimmer übergegangen wäre, da sei er denn aufgestanden, habe gehorcht und ganz deutlich nun gehört, wie der Teufel eine Weilarsche beim Schlafittich gehabt und ihr das Fell windelweich gedroschen habe, weil sie zu spät zum Tanz gekommen sei. Die Hexe hätte immer ärger gejammert und gebarmt, allein der Böse habe nicht danach gefragt und immer mehr zugeschlagen. Er, nämlich der Polizeidiener, habe die Hexe sofort an ihrer Stimme erkannt, auch hätte sie sich noch mehrere Tage vor den Leuten nicht sehen lassen können, und als sie wieder ausgegangen, da habe sie noch immer grün und gelb ausgesehen.«

Von dem gespenstigen Schreiber am Stadtberge bei Weilar

Am Stadtberge bei Weilar soll es nicht geheuer sein. Ein alter Weber erzählt: »Mein Urgroßvater ging einst mit seinem Sohn, der ein Güldenes-Sonntagskind war, eines Sonntags dort den Landweg hinauf, um Rotkehlchen zu fangen. Als sie in die Nähe des großen Grenzsteins auf den Hünnschen Rasen kamen, fuhr der Knabe plötzlich zusammen, denn dicht vor ihm saß dort an einem altmodischen Tische ein gar alter Herr mit verschimmeltem Gesicht. Er hatte Akten vor sich und schrieb eifrig. Der Junge machte seinen Vater aufmerksam auf den unheimlichen Schreiber. Mein Urgroßvater sah aber nicht die Spur von alledem«.

An demselben Platze soll ein kleines, gelbes Hühnchen die Leute vom Pfade ab in die Irre führen.

Von den Baumeistern der früheren Kirche zu Urnshausen

»Zwei Brüder waren es«, – so erzählte ein Alter aus Urnshausen, »die unsere Kirche aufbauten. Die beiden aber hatten sich so lieb, daß der eine ohne den andern nicht zu leben gedachte. Deshalb ging auch der Kirchenbau in der größten Eintracht vorwärts. Als derselbe beendigt war und die beiden fürchteten, auseinander gehen zu müssen, sagte der eine zu dem andern: ›Lieber Bruder, laß uns einmal sehen, ob wir auch ferner beieinander bleiben oder hier scheiden müssen‹. Mit diesen Worten griff er in einen Kasten, nahm zwei starke, vom Bau übrig gebliebene Nägel, reichte den einen dem Bruder und warf den andern mit solcher Kraft und solchem Geschick an die gewölbte Decke der Kirche, daß er dort sofort festsaß. Darauf sprach er zum Bruder: ›So, nun tue du desgleichen. Bleibt dein Nagel auch dort haften, dann ist es ein Zeichen, daß wir uns nie trennen sollen. Fällt er jedoch zu Boden, dann will es das Schicksal, daß wir scheiden müssen.‹ Nun flog auch der zweite Nagel nach oben. Erbleichend sahen sich die Brüder an, der Nagel rollte gleich darauf zu ihren Füßen. Als sie ihre Bündel schnürten, ging der eine nach Ost, der andere nach West, und sie sahen sich nie wieder. Das Loch aber, aus dem der Nagel später herausgerostet ist, ist bis heute noch über dem Taufstein am Himmel der Kirche zu sehen.«

Von dem Kirchenmaler und dem Teufel in Urnshausen

Als der stattliche Neubau der Kirche zu Urnshausen zu jedermanns Freude fertig dastand, da beschloß die Gemeinde, nun auch das Innere derselben mit allerlei köstlichen Malereien herrichten zu lassen. Sie gewann auch einen gar geschickten Meister, und der gelobte, das ganze Alte und Neue Testament, Himmel und Erde, Engel und Teufel, in fein zierlichen Schildereien darzustellen. Wie aber die Urnshäuser während der Arbeit immer noch mehr verlangten, und diese sich dadurch immer weiter hinauszog, so wurden sie bald ungeduldig und drängten den ohnehin fleißigen Meister mit harten Worten, daß er ganz trübsinnig wurde. Als er nun endlich mit seinem Werke fertig war, auch die bestellten Teufel in gar abschreckender Gestalt angebracht hatte, da kamen diese zur Nachtzeit an sein Bett, warfen ihm vor, daß er sie so häßlich abkonterfeit und an einem verkehrten Platze angebracht habe, und peinigten und folterten den armen Maler dermaßen, daß er es nicht mehr auszuhalten vermochte, aus dem Bette sprang und von den höllischen Geistern gehetzt sich in der nahen Felda ertränkte. Nach einer andern Aussage stürzten die Teufel den Meister, als er mit seinem Deckengemälde just fertig geworden, vom hohen Gerüst, daß er das Genick brach. Und so bewährt sich auch hier das Sprichwort: »Man soll den Teufel nicht an die Wand malen«.

Auf dem Schloßplatze zu Urnshausen

Vor uralten Zeiten sollen drei Brüder drei prächtige Schlösser bewohnt haben, von denen das eine zu Urnshausen, das andere oben am Baier und das dritte über dem weißen und schwarzen Born oberhalb Dermbach stand. Es ist nichts mehr von ihnen vorhanden, nur zu Urnshausen und bei Dermbach heißt man heute noch einen Hügel »den Schloßplatz«, eine Stelle bei dem ersten »den Hundestall« und in dessen Nähe eine »den Schloßgarten«, unter welchem man zu Zeiten unterirdische Wasser rauschen hören soll, sowie eine Quelle dort noch »Der Schloßborn« genannt wird.

Einst ging eine Frau in der Mitternachtsstunde von Urnshausen nach dem obenbezeichneten Hügel, als sie auf dem »Schloßplatze« eine große Schüssel gewahrte, um welche in einem Kreise noch eine Menge kleinerer aufgestellt waren, die alle in der Sonne wie blinkendes Zinn oder Silber glitzerten. Sie wollte erst zugreifen und einpakken, allein es befiel sie in dem Augenblicke eine solche Angst, daß sie ins Dorf zurückeilte, um Leute herbeizuholen. Als sie mit diesen nach dem »Schloßplatze« zurückkam, war alles wieder verschwunden.

Auch soll oben über dem Wege nach Bernshausen im »Huhne« ein altes Schloß gestanden haben. Dieses soll nach Aussage anderer das ältere und zwar eins von den oben erwähnten dreien gewesen sein. Das Geschlecht habe »von Huhne« geheißen. Am Fuße des Hügels sprudelt ein starker Quell, der »Huhneborn«.

Vom »Hasenbühl«

Zwischen der Urnshäuser Straße und dem Dorfe Weilar tritt an der südlichen Seite, am sogenannten »Salzunger Berg«, aus dem Walde ein Vorsprung in das freie Feld, der »Hasenbühl« genannt, ein unheimlicher Ort, wo sich nachts allerlei sehen läßt und an dem niemand gerne vorüber mag. Vor noch nicht so langer Zeit sah ein Urnshäuser dort die große alte Kutsche mit den zwei Rappen ohne Köpfe. Sie kam, wie gewöhnlich, von Weilar her und verschwand, wie es immer geschehen, im Nu auf dem »Hasenbühl« und zwar vor den Augen des zu Tode erschrockenen Mannes.

Von dem verwünschten Schloß und der Jungfer im Schönsee bei Urnshausen

An der Stelle des Schönsees (das Volk spricht »Schörnsee«) stand einst ein gar prachtvolles, großes Schloß, dessen Bewohner seit langer Zeit ein wildes, liederliches Leben führten und keinen Wanderer ungeplündert vorüber ziehen ließen. So überfielen sie auch einst einen frommen Mönch, der aus dem Gelobten Lande kommend an ihrer Burg vorbei mußte. Da sie bei ihm nichts von Wert vorfanden, so schleppten sie ihn mit sich und warfen ihn trotz seines Bittens und Flehens und trotz der Warnung, daß, wenn sie ihn nicht ziehen ließen, Gott sie für diesen Frevel strafen und das Schloß mit allem, was drinnen sei, binnen zwölf Stunden von der Erde vertilgen werde, in das tiefste Verlies. Der Ritter und seine Kumpane aber lachten ob dieser Rede und setzten ihr unterbrochenes Zechgelage nur noch ärger fort. Aber als jene Frist abgelaufen, hatte Gott das Gebet des Mönches erhört. Unter fürchterlichem Krachen versank das Schloß samt allem, was darinnen war.

Noch heute kann man am Jahrestage jenes Strafgerichts das versunkene Schloß durch den Spiegel des Sees in der Tiefe erblicken und das wilde Geschrei und Bechergeklirr der Zecher vernehmen. Nur dem schönen Burgfräulein, das keinen Teil an der bösen Tat ihres Vaters hatte, ist es an einem Tage gestattet, aus der schauerlichen Tiefe des Wasserkessels zu steigen. Dann irrt sie um den See herum und hofft auf die Begegnung eines frommen Christen, der den Bann zu brechen vermag. So traf sie einst dort einen jungen Bauernburschen aus Bernshausen. Dieser erwiderte freundlich den Gruß des Fräuleins und rief ihr, als sie recht herzhaft nieste, ein frisches »Gott helf' Euch!« zu. Und als sie zum zweitenmal nieste, wiederholte er auch seinen Spruch. Beim drittenmal jedoch war er des »Gott helf Euch«-Sagens müde und brummte leichtfertig hin: »Ei, so hol' Euch der Kuckuck mit Eurem Geniese.« Kaum waren die Worte seinem Munde entwischt, als die Jungfrau einen gellenden Schrei ausstieß und sich händeringend und jammernd in den See stürzte. Zu spät nun merkte es der erschrockene Bauer, mit wem er's eben zu tun gehabt, und bereute jetzt bitterlich, daß er nicht auch zum drittenmal das »Gott helf Euch« ausgesprochen; dann wäre die Jungfrau von dem Banne erlöst gewesen und er ein reicher, glücklicher Mann geworden. So oft auch der Bursche von nun an wieder nach dem See ging, das Fräulein hat er nie wieder erblickt; aber die Hirten sahen sie dann und wann noch auf der Eller am See.

Auf der »Weckemilch«* am Schönsee

Einst ging eine Frau aus Urnshausen mit ihrem Kinde nach dem Walde am »Schönsee«. Während die Mutter dort Kräuter suchte, spielte das Kind mit den Blumen auf der »Weckemilch«, einem Wiesengründchen unfern des »Schönsee«. Da stand plötzlich eine gar liebliche Jungfrau vor ihm, die hatte ein schönes, weißes Kleid an, um den Leib aber eine rote Schnur geschlungen, an der ein schwerer Schlüssel hing. Die Jungfrau sah freundlich nach dem Kinde und winkte ihm, ihr zu folgen. Das aber fürchtete sich, begann arg zu weinen, eilte nach seiner Mutter und erzählte dieser, was es gesehen. Da sprach die Mutter: »Das war die weiße Jungfer vom ›Schönsee‹, die hätte dir kein Leid angetan«.

Auch am »Schönsee« wiederholt sich in der bekannten Weise die Sage von den drei jungfräulichen Schwestern, nur setzen sie in Urnshausen noch dazu, daß die Kleider der Nixen, wenn diese dorthin zum Kirmestanze gekommen, auf der linken Seite immer naß gewesen seien.

* Schmetterling der Species Kohlweißling, wird auch Molkenstern und Milchdieb genannt.

Vom »Erlicht« am Hornberg

Am Horn, man heißt's dort »im Erlicht«, sollen sich oft die bösen Geister gar schrecklich bekämpfen.
Dann hört man von dort es weithin sausen und brausen. Gesehen hat aber noch niemand etwas.

Der alte Thomas bei der »Klippe« am Hornberg

So ging auch einst der alte Thomas von Urnshausen am Hornberg, wo es die »Klippe« heißt, vorüber. Da sah er auf einem der schwarzen Steine ein helles Licht brennen; neben diesem aber saß ein schwarzer Vogel, der den Thomas gar finster anguckte.
Der aber war so bange nicht und griff nach der Kerze; doch der Vogel hackte mit dem Schnabel nach seiner Hand, so daß der Alte sie wieder zurückzog. Da wurde es dem Thomas aber doch gruselig ums Herz, er ließ das Licht Licht sein und machte, daß er davon kam.
Von dieser Stelle aus sollen die Vorübergehenden oft eine lange Strecke von einem verdächtigen Fuchse begleitet werden.

Bei der Eisgrube am Hornberg

Am Hornberge, an dem Wege von Urnshausen nach Wiesenthal, heißt eine Stelle unter der »Klippe« »die Eisgrube«. Dort graste eines Tages ein hübsches Bauernmädchen von Urnshausen. Während ihrer Arbeit wurde dreimal hintereinander mit einem schwarzen, von goldenen Adern durchzogenen Steine nach ihr geworfen, und da sie dachte, es sei ihr Schatz, der Kreiser, der sie necken wollte, so erhob sie sich und rief: »Na, du alter Narr! laß mich mit dem Werfen in Ruh'!« und schaute sich dabei nach allen Seiten hin um. Aber ihr Liebster war nirgends zu sehen. Da fiel ihr auf einmal ein, daß es hier nicht geheuer sei, denn manchem schon war an dieser Stelle ein alter, verschimmelter Jäger erschienen. Und da es ihr zu gruseln begann, so hockte sie rasch ihre Kötze auf und eilte, ohne sich um die schwarzen Steine zu kümmern, nach Urnshausen.

Hätte sie die Steine mitgenommen, so wär' sie auf zeitlebens glücklich gewesen; denn der Hornberg wie der Baier sind reich an unterirdischen Schätzen, die aber alle von Geistern bewacht werden.

Von dem Teufelsstrick an den »Zehn Buchen«

Ein heilloser Bauer von Rosa, der einen langen und kostspieligen Prozeß gegen seine Eltern bei dem Gericht in Wasungen geführt und diesen verloren hatte und auf dem Rückwege von Wasungen, wo ihm der letzte Bescheid eröffnet worden war, bald sich, bald seine Eltern und bald das Gericht verfluchte, wünschte sich, bei den »zehn Buchen« angelangt, einen Strick, um sich an einem der Stämme selbst aufknüpfen zu können. Und kaum hatte er den Gedanken gefaßt, als er auch schon, nur wenige Schritte vor sich, einen ganz neuen, geeigneten Strick am Boden erblickte. Darüber entsetzte sich der Bauer jedoch dermaßen, daß er einen weiten Bogen um des Seilers Tochter herum machte und, noch am ganzen Leibe zitternd, mit dem Vorsatze, ein anderer Mensch zu werden, zu Rosa anlangte.

Von dem Walde ohne Wipfel bei Eckardts

Ein Teil des zwischen den Dörfern Schwarzbach und Eckardts im Amt Sand gelegenen Waldes heißt der »Schillbachswald«. Noch vor nicht langer Zeit vertrieb auch hier die Kiefer die Buche aus ihrem uralten Besitztume. Hohe und mächtige Stämme erhoben sich zwar dort aus dem Boden, ihre Kronen aber verdorrten alle, sobald sie eine gewisse Höhe erreicht hatten. Das war sonst anders, erzählte eine zweifache Sage.

Nach der einen geriet der Herr des Waldes wegen der Eigentums- und Jagdrechte in dem Walde mit einem andern in Streit: er verlor beides durch falsche Zeugen und schlechte Richter. Da verfluchte er den Wald, und die Wipfel verdorrten.

Nach der andern Sage war ein junges Mädchen der Zauberei angeklagt, durch die Folter zum Geständnis gezwungen und von dem Zentgericht in Friedelshausen als Hexe zum Feuertod verurteilt worden. Aber immer wieder hatte die Unglückliche beteuert, daß sie keine Hexe sei. Als sie nun auf ihrem letzten Gang jenen Wald passierte, flehte sie zu Gott, daß er zum sichtbaren Zeugnis ihrer Unschuld die Wipfel des Waldes verdorren und nie wieder grünen lassen möge. Und so ist es geworden.

Von der Eselsmühle und der schönen Müllerin bei Zillbach

Vor dem Dorfe Zillbach liegt nach Schwallungen hin die sogenannte »Eselsmühle«, die ihren Namen einem im Dreißigjährigen Krieg hier vorgefallenen Ereignis verdanken soll.

Es wird erzählt: Damals lebte dort eine junge Müllerin von so wunderbarer Schönheit, daß sie selbst der roheste und wildeste der Kroaten nicht anzutasten wagte, wenn sie, wie das wohl täglich geschah, ihnen auf ihrem Esel Mehl oder sonstige Lebensmittel in das im Werragrund aufgeschlagene Feldlager brachte.

Nun aber kam es, daß einer der Kroatenführer in leidenschaftlicher Liebe zu der schönen Müllerin entbrannte, und da es ihn nicht mehr ruhen ließ, sich eines Tages mit einem seiner Reiter nach der Mühle in aller Stille auf den Weg machte. Hier saßen sie ab, ließen die Rosse grasen und begehrten Einlaß. Die Mühle aber war und blieb verschlossen, ebenso das Ohr der Müllerin. Da der Heißentbrannte sah, daß ihm hier weder Bitten noch Drohungen Einlaß verschafften, so versuchte er, auf dem gerade stillstehenden Mühlrad durch ein Fenster in das Haus zu gelangen. Aber die Müllerin war auf ihrer Hut. Sie ließ im Nu die Mühle an, der freche Geselle bekam seinen Lohn und wurde von dem Mühlenrade zermalmt. – Als das der Knecht sah, schwor er Rache und setzte sofort den roten Hahn auf das Dach der Müllerin, und bald stand alles in vollen Flammen. Noch weidete sich der Knecht an seinem Werke, da hörte er von Zillbach her Pferdegetrappel. In seiner Angst, von der herbeieilenden Hilfe auf der Tat ertappt zu werden, springt er nach seinen Pferden, erwischte aber in der Dunkelheit den ebenfalls im Walde grasenden Esel der Müllerin, schwingt sich auf und will von dannen.

Der Esel aber rennt, als er seinen Reiter spürte, in vollem Laufe nach der Mühle zu und stürzt sich mit seinem Kroaten in die Flammen.

Seit jener Zeit soll sich an der dortigen Bergwand mitunter der riesengroße Schatten des Esels oder auch er selbst sehen lassen.

Von der Stadt Ostheim

Von dem freundlich an der Streu gelegenen Städtchen Ostheim erzählt die Sage, daß es als Feste von den Römern gegen die Chatten angelegt sei. In Urkunden kommt es bereits im Jahre 804 als Dorf im Baringau vor. Nach einer andern Sage soll die Stadt durch mehrere adelige ummauerte Rittersitze entstanden sein. Desgleichen ist die etwas hoch gelegene Kirche noch mit einer hohen durch vier Türme beschützten Ringmauer umgeben. Von hier aus soll noch ein Gang nach dem über der Stadt gelegenen Gaugrafensitze, der malerischen Ruine Lichtenburg, führen.

Das Jagdschloß in Zillbach

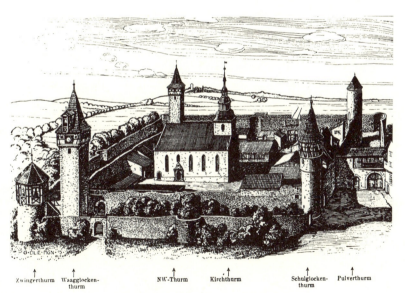

Zwingerthurm　Waagglocken-　　NW-Thurm　Kirchthurm　　Schulglocken-　Pulverthurm
　　　　　　　thurm　　　　　　　　　　　　　　　thurm

Die Kirchenfestung in Ostheim

Von dem Turm auf der Lichtenburg

Bei dem Städtchen Ostheim vor der Rhön krönen die malerischen Ruinen der alten Lichtenburg einen Felsenkegel. Sie sind besonders durch den einen, noch über zweihundert Fuß hohen Turm und eine ungewöhnlich hohe, isoliert dastehende Giebelwand aus weiter Ferne kenntlich und verleihen der Gegend einen besonderen Reiz. Die Burg war sehr alt und einst eine ansehnliche Feste der Grafen von Henneberg, in späterer Zeit der Sitz eines Amtes, im Bauernkriege bis auf die noch stehenden zwei Türme und die Ringmauer gänzlich zerstört, wieder neu aufgebaut, 1672 stark befestigt, späterhin verlassen und dem Verfall preisgegeben. Über den Turm geht in der dortigen Gegend nachstehende Sage:

Der hohe Turm, der ebenso tief in die Erde gebaut ist, als er im Lichten hat, stand früher gerade so in der Stadt Fulda. Einst neckte sich der Graf von Henneberg mit dem dortigen Abte, wer von ihnen beiden der mächtigere sei. Da sprach der Abt: »Herr Graf, Ihr habt ja nicht einmal so viel Leute mit Schiff und Geschirr, daß Ihr meinen großen Turm von Fulda abbrechen und in einem Tage nach einer Eurer Festen schaffen lassen könnt.« Solches aber ärgerte den Grafen dermaßen, daß er den Abt beim Worte nahm und das Werk auszuführen versprach, brachte auch so viel Leute und Schiff und Geschirr auf, daß er den Turm abbrechen, das ganze Material aufladen und nach der Lichtenburg fahren ließ. Die Reihe der Wagen soll damals so lang gewesen sein, daß, als der erste in der Lichtenburg anlangte, der letzte gerade aus dem Tore der Stadt Fulda abfuhr. So, sagen sie, sei der Turm von dort nach seinem jetzigen Platze gekommen.

Die Lichtenburg bei Ostheim

Bildnachweis

S. 21, 51, 57, 59, 63, 81, 91: Aus: August Herbart, Gedichte und Erzählungen in Rhönmundart, Kaltennordheim 1937.
S. 69, 71, 107, 109: Aus: P. Lehfeldt und G. Voss: Bau- und Kunstdenkmäler Thüringens. Großherzogthum Sachsen-Weimar-Eisenach. IV. Band, Jena 1911.

Thüringen wie es im Buch steht bei HITZEROTH

Die Geistermesse in Sankt Severi
Sagen und Geschichten aus Erfurt und Umgebung
Herausgegeben von Heinrich Weigel
Umschlagradierung von Uwe Bremer
128 Seiten mit 14 Abbildungen, gebunden
ISBN 3-89398-091-1

Gestützt auf historische Sagensammlungen und zahlreiche bislang unveröffentlichte Quellen werden 125 Geschichten aus der gesicherten wie der legendären Geschichte Erfurts nacherzählt. Breiten Raum nehmen die Spuren ein, die berühmte Gestalten in der Stadt wie im Gedächtnis ihrer Bürger hinterließen: Luther, Gustav Adolf, Goethe und Napoleon – aber auch Faust und Till Eulenspiegel, der in Erfurt einen Esel das Sprechen gelehrt haben soll. Der »Thüringer Brandmeister« Apel von Vitzthum fehlt ebensowenig wie der zweibeweibte Graf von Gleichen, und natürlich finden Spukgeschichten, Teufelsbeschwörungen und sonstiger Aberglaube gebührende Berücksichtigung.

Stadtführer Eisenach
108 Seiten mit 20 Fotos, davon
16 in Farbe, kartoniert
ISBN 3-89398-046-6

Täglich besuchen tausende Touristen die Wartburgstadt Eisenach, die reich an Sehenswürdigkeiten ist. Der Tourist findet in dem Stadtführer alle Sehenswürdigkeiten kurz präsentiert: z.B. die Wartburg, das Bachhaus, das Thüringer Museum, das Lutherhaus und die Sammlung mittelalterlicher Schnitzplastik in der ehemaligen Dominikanerkirche. Der »Stadtführer Eisenach« macht den Besucher außerdem vertraut mit der Geschichte Eisenachs und der Wartburg. Er enthält zudem kurze Beschreibungen der kunstgeschichtlich wertvollen Bauwerke (Rathaus, Schloß, Nikolaitor, Kirchen, Bürgerhäuser, Theater u.v.m.). Auch die unentbehrlichen praktischen Hinweise auf Wander- und Reiseziele in der Umgebung der Stadt sowie auf Kultur- und Veranstaltungsstätten findet der Leser in diesem Stadtführer. Daneben nennt er die wichtigsten Telefon-Nummern und gibt nützliche Tips.

Thüringen wie es im Buch steht bei HITZEROTH

Kleine illustrierte Geschichte der Stadt Erfurt
Herausgegeben von Willibald Gutsche
152 Seiten mit 71 Abbildungen, davon 17 in Farbe, kartoniert
ISBN 3-89398-068-7

Erfurt, die Hauptstadt Thüringens, blickt auf eine 1250 Jahre lange, wechselvolle Vergangenheit zurück. Dabei stand das »Bologna des Nordens« häufig im Brennpunkt großer historischer Ereignisse. Die präzise Darstellung dieser Entwicklung von der vorgeschichtlichen Besiedlung bis zu den Wahlen 1990 vermittelt anschaulich ein Stück deutscher Geschichte in der Mitte Europas.

Werner Ernst und Heinrich Weigel
Naturkundliche Wanderungen in Thüringen
168 Seiten mit zahlreichen, teils farbigen Abbildungen, Kartenskizzen, Blockreliefs, Graphiken und einer Übersichtskarte, kartoniert
ISBN 3-89398-060-1

Thüringen, »das grüne Herz Deutschlands«, wird mit dieser anspruchsvollen naturkundlichen Gesamtdarstellung neu entdeckt. Ausgewählte Gebiete werden vorgestellt: Westthüringen, die Region um die Wartburg, die Hörselberge, der Raum Ruhla-Winterstein und der Inselsberg. Mittelthüringen ist mit dem Gleichen-Gebiet, der Region zwischen Kranichfeld, Bad Berka und Blankenhain, dem Schwarzatal und dem mittleren Saaletal um Jena vertreten. Südostthüringen präsentiert sich mit dem Großraum um die Bleilochtalsperre bis zum Frankenwald, Hohenleuben und dem Pöllwitzer Wald sowie mit dem mittleren Elstertal um Greiz. Regionen Ostthüringens, wie die Orlasenke, das Holzland um das Hermsdorfer Kreuz und das Osterland um Schmölln beschließen den Band. Viele praktische Tips und Hinweise samt Kartenmaterial erlauben es dem Leser, sachkundig geführt auf Erkundungstour zu gehen.

HITZEROTH
Franz-Tuczek-Weg 1 · 3550 Marburg